AF275843

COLEX

GRACIAS POR CONFIAR EN COLEX

Disfrute gratuitamente **DURANTE UN AÑO** de los eBook, audiolibros y Colex Copilot de las obras de Editorial Colex*

ACTIVA TU CÓDIGO PARA ACCEDER A LOS SERVICIOS

1. Accede a **www.colex.es**.

2. Inicia sesión o regístrate como usuario.

3. Dirígete al menú de usuario y haz clic en «**Mis códigos**».

4. Introduce el siguiente código (RASCA PARA VER EL CÓDIGO):

◆ Una vez se valide el código, aparecerá una ventana de confirmación y su eBook / audiolibro / Colex copilot estarán activos **durante 1 año desde su activación** en la pestaña «Mis libros» en el menú de usuario.

---

* Los audiolibros están disponibles en las ediciones más recientes de nuestras obras. Se excluyen expresamente las colecciones «Códigos comentados», «Biblioteca digital» y los productos de www.vademecumlegal.es. Colex Copilot únicamente está disponible en las ediciones más recientes de las colecciones «Paso a paso» y «Vademecum».

No se admitirá la devolución si el código promocional ha sido manipulado y/o utilizado.

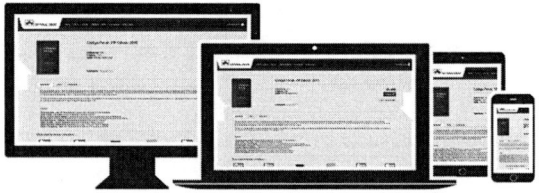

¡Gracias por confiar en nosotros!

La obra que acaba de adquirir incluye de forma gratuita la versión electrónica.

Acceda a nuestra página web para aprovechar todas las funcionalidades de las que dispone en nuestro lector.

Funcionalidades eBook

Acceso desde cualquier dispositivo con conexión a internet

Idéntica visualización a la edición de papel

Navegación intuitiva

Tamaño del texto adaptable

Síguenos en:

NUEVA FUNCIONALIDAD CON INTELIGENCIA ARTIFICIAL EN LOS LIBROS DE COLEX

| Una cortesía de Iberley.es |

En Colex damos un paso más en innovación jurídica. Desde ahora, las guías «Paso a paso» y los «Vademecum» incorporan una nueva funcionalidad basada en **inteligencia artificial**, gracias a la tecnología de **Iberley IA**.

El lector podrá interactuar directamente con el contenido del libro de forma inmediata, útil y centrada exclusivamente en su materia.

☑ **¿Qué puede hacer el usuario en el libro?**

💬 Realizar preguntas sobre el contenido del libro.

📚 Solicitar explicaciones de artículos, conceptos o normativa.

☀ Utilizar un ChatBot inteligente, contextualizado y acoplado al contenido legal del libro.

💡 Resolver dudas puntuales mientras se estudia o trabaja con la obra.

☒ **¿Qué no puede hacer esta versión del ChatBot?**

✗ No permite generar escritos jurídicos.

✗ No analiza ni responde documentos externos.

✗ No responde a consultas de otras materias distintas a la del libro.

Esta herramienta está pensada para enriquecer la experiencia de lectura y consulta del libro. Su uso es exclusivo sobre su contenido.

¿QUIERES IR MÁS ALLÁ? DESCUBRE IBERLEY IA

Si necesitas una **solución avanzada de inteligencia legal**, con cobertura total de materias y documentos, entra en **www.iberley.es** y accede a todas las funcionalidades profesionales:

CUADRO SIMBÓLICO DE FUNCIONALIDADES		
Funcionalidad	**En los libros Colex**	**En Iberley.es**
Preguntar sobre el contenido del libro	✓	✓
Solicitar explicaciones jurídicas	✓	✓
ChatBot integrado al contenido del libro	✓	✓
Consultas sobre otras materias	✗	✓
Análisis de documentos externos	✗	✓
Generación de escritos jurídicos	✗	✓
Traducción jurídica	✗	✓
Informes y resúmenes legales automáticos	✗	✓
Contratos, guías prácticas y emails para clientes	✗	✓
Estrategias judiciales y jurisprudencia instantánea	✗	✓

LA PENSIÓN DE ALIMENTOS Y SU IMPAGO

Análisis de su solicitud, modificación y
extinción, con especial mención al impago
y su reclamación en vía civil y penal

LA PENSIÓN DE ALIMENTOS Y SU IMPAGO

Análisis de su solicitud, modificación y extinción, con especial mención al impago y su reclamación en vía civil y penal

EDICIÓN 2025

Obra realizada por el Departamento de Documentación de Iberley

COLEX 2025

SUMARIO

ANEXO I.
CASOS PRÁCTICOS

ANEXO II.
FORMULARIOS

0.
INTRODUCCIÓN

¿Qué se entiende por alimentos?

Según lo dispuesto por el Código Civil en el artículo 142, se entiende por alimentos todo lo necesario para el sustento, habitación, vestido y asistencia médica. Además, los alimentos comprenden la educación e instrucción del alimentista mientras sea menor de edad y aun después cuando no haya terminado su formación por causa que no le sea imputable.

La obligación de prestar alimentos a los hijos tiene su fundamento legal en el artículo 39.3 de la Constitución española junto con los artículos 110, 143.2 y 154.1.º del Código Civil, como deber emanado de la propia filiación, aunque el alimentante no ostente la patria potestad.

Por lo tanto, la obligación de prestar alimentos a los hijos corresponde a cada progenitor y no solo al que convive con el menor. El concepto de alimentos tiene un contenido amplio que abarca todo lo que sea indispensable para el sustento, habitación, vestido y asistencia médica del alimentista, así como su educación e instrucción, de acuerdo con los artículos 93 y 142 del Código Civil.

La presente obra analiza esta obligación de prestar alimentos a los hijos tras una separación o divorcio, viendo las diferencias de este deber respecto de los hijos menores, mayores o con discapacidad, destacando, respecto a estos últimos, la jurisprudencia de nuestro alto tribunal y la doctrina fijada en el año 2014 por la que se estableció la equiparación entre los hijos mayores de edad con discapacidad y los menores (no siendo en todo caso absoluta):

> «(...) la situación de discapacidad de un hijo mayor de edad no determina por sí misma la extinción o la modificación de los alimentos que los padres deben prestarle en juicio matrimonial y deberán equipararse a los que se entregan a los menores mientras se mantenga la convivencia del hijo en el domicilio familiar y se carezca de recursos».

A lo largo de los capítulos de este libro nos adentraremos en las denominadas «crisis del matrimonio», en las que el juez determinará la contribución de cada progenitor para satisfacer los alimentos y adoptará las medidas convenientes para asegurar la efectividad y acomodación de las prestaciones a las circunstancias económicas y necesidades de los hijos en cada momento.

¿Cuándo se fijará la pensión de alimentos a los hijos? De acuerdo con el artículo 148 del Código Civil será exigible desde que los que los necesitare, para subsistir, la persona que tenga derecho a percibirlos, pero no se abonarán sino desde la fecha en que interponga la demanda.

¿Dónde se fija la pensión de alimentos? Esta podrá quedar fijada en el convenio regulador, definido por el Tribunal Supremo como un «negocio jurídico de derecho de familia que, de acuerdo con la autonomía de la voluntad de los afectados, puede contener tantos pactos típicos, como atípicos».

En el caso de que no exista este convenio regulador o no exista acuerdo entre las partes, será la autoridad judicial quien, dentro de un proceso contencioso, fijará la pensión de alimentos en la sentencia que sea dictada.

¿Cuál será la cuantía de la pensión de alimentos? Esta será proporcionada al caudal o medio de quien los da y a las necesidades de quien los recibe. Asimismo, se reducirá o aumentará proporcionalmente según el aumento o disminución que sufran las necesidades del alimentista y la fortuna del que hubiere de satisfacerlos, de acuerdo con el artículo 147 del Código Civil. Para ello se acudirá a un procedimiento de modificación de medidas, desarrollado de forma pormenorizada y paso a paso a lo largo de las páginas de este libro.

¿Qué consecuencias tiene el impago de la pensión de alimentos? En estos casos nuestro ordenamiento nos ofrece la posibilidad de ejercitar diferentes acciones tendentes a la salvaguarda de nuestro derecho. De un lado, la reclamación por vía civil, donde podrá llevarse a cabo, a través de un proceso de ejecución, la reclamación del pago de las cantidades adeudadas, sus intereses y las costas del procedimiento. De otro, la vía penal, surgiendo en este caso el delito de impago de pensión alimenticia, también conocido como «violencia económica», cuya explicación culmina la parte teórica de esta guía, que se completa con una selección de casos prácticos en la materia junto con una serie de formularios actualizados a los últimos cambios legislativos.

1.
EL DERECHO DE ALIMENTOS DE LOS HIJOS

Obligación de alimentos respecto de los hijos

Por alimentos se entiende todo **lo necesario para el sustento, habitación, vestido y asistencia médica**. Además, los alimentos comprenden la educación e instrucción del alimentista mientras sea menor de edad y aun después cuando no haya terminado su formación por causa que no le sea imputable (artículo 142 del Código Civil).

La obligación de prestar alimentos a los hijos, aunque se encuentre sometida a las normas generales de los alimentos entre parientes, tiene su regulación específica en los preceptos que regulan las relaciones paterno-filiales, dentro del título VII del libro I del Código Civil.

La obligación de prestar alimentos a los hijos tiene su fundamento legal en el **artículo 39.3 de la CE:** «Los padres deben prestar asistencia de todo orden a los hijos habidos dentro y fuera del matrimonio, durante su minoría de edad y en los demás casos en que legalmente proceda». Y los **artículos 110, 143.2 y 154.1.° del CC**, como deber emanado de la propia filiación, aunque el alimentante no ostente la patria potestad.

De forma que, la obligación de prestar alimentos a los hijos corresponde a cada progenitor y no solo al que convive con el menor, y como ya hemos adelantado, el concepto de alimentos tiene un contenido amplio que **abarca todo lo que sea indispensable** para el sustento, habitación, vestido y asistencia médica del alimentista, así como su educación e instrucción, de acuerdo con los **artículos 93 y 142 del CC**.

CUESTIÓN

En el caso de que los progenitores sean insolventes, ¿están obligados los abuelos a prestar alimentos a sus nietos?

Sí, los abuelos tienen la obligación de afrontar los gastos que generen sus nietos ante la insolvencia de los progenitores, de acuerdo con lo establecido en el artículo 142 del CC y atendiendo al principio de proporcionalidad contemplado en los artículos 145 y 146 del CC. En ese sentido se pronuncia la **sentencia del Tribunal Supremo n.° 120/2016, de 2 de marzo, ECLI:ES:TS:2016:769.**

La obligación alimenticia respecto de los hijos menores de edad

Cabe advertir, en primer lugar, que la obligación de alimentos tiene un tratamiento jurídico diferente según sean los hijos mayores o menores de edad.

El **artículo 154 del CC** dispone que los hijos e hijas no emancipados están bajo la patria potestad de los progenitores.

La patria potestad, como responsabilidad parental, se ejercerá siempre en interés de los hijos e hijas de acuerdo con su personalidad y con respecto a sus derechos, su integridad física y mental.

Asimismo, el meritado artículo contempla los deberes comprendidos en la función de patria potestad que son:

1.º Velar por los hijos e hijas, tenerlos en su compañía, **alimentarlos, educarlos y procurarles una formación integral.**

2.º **Representarlos y administrar sus bienes.**

3.º **Decidir el lugar de residencia habitual de la persona menor de edad,** que solo podrá ser modificado con el consentimiento de ambos progenitores o, en su defecto, por autorización judicial.

> **A TENER EN CUENTA.** El deber de decidir el lugar de residencia habitual por los progenitores de la persona menor de edad se añade por la disposición final segunda de la Ley Orgánica 8/2021, de 4 de junio, de protección integral a la infancia y la adolescencia frente a la violencia que entró en vigor el 25 de junio de 2021.

En palabras del Tribunal Supremo, **la patria potestad es,** en el derecho moderno y concretamente en el derecho positivo, **una función al servicio de los hijos que entraña fundamentalmente deberes a cargo de los padres, encaminados a prestarles asistencia de todo orden,** como proclama el artículo 39, en sus apartados 2 y 3, de la Constitución Española (**sentencia Tribunal Supremo n.º 415/2000, de 24 de abril, ECLI:ES:TS:2000:3419**).

Si bien, el **artículo 110 del CC** establece que **ambos progenitores, aunque no ostenten la patria potestad, están obligados** a velar por los hijos menores y a prestarles alimentos.

> **A TENER EN CUENTA.** El art. 110 del Código Civil ha sido modificado por la Ley 4/2023, de 28 de febrero, para la igualdad real y efectiva de las personas trans y para la garantía de los derechos de las personas LGTBI, en vigor desde el 02/03/2023.

Por consiguiente, debemos partir de la base de que cuando los hijos sean menores de edad, más que una obligación propiamente alimenticia, lo que existe **son deberes ineludibles, inherentes a la filiación,** que resultan incondicionales, con independencia de la mayor o menor dificultad que se tenga para darle cumplimiento o del grado de reprochabilidad en su falta de atención, así lo argumenta el Tribunal Supremo en su **sentencia n.º 55/2015, de 12 de febrero, ECLI:ES:TS:2015:439.**

Además, **los progenitores por imperativo constitucional tienen la obligación**, como ya hemos señalado, **de prestar asistencia de todo orden a los hijos, asistencia que incluye la contribución a los alimentos, con independencia de que estos hayan sido concebidos fuera o dentro del matrimonio**, de que se haya producido la nulidad matrimonial, la separación legal o disolución del matrimonio por divorcio, o que los progenitores hayan sido privados de la patria potestad de los hijos/as.

Finalmente, cabe advertir que, pese a que para entender lo que engloba el concepto de alimentos nos remitimos al artículo 142 del CC, referente a los alimentos entre parientes, estos se determinan en función de lo que los parientes necesiten estrictamente para subsistir, sin embargo, **los alimentos de los hijos menores de edad deben acomodarse a las circunstancias económicas y necesidades de los hijos en cada momento**, hasta el punto de financiar no solo los gastos ordinarios de su mantenimiento sino también los de carácter extraordinario, tales como las actividades extraescolares, por ejemplo.

CUESTIÓN

¿La falta de relación con alguno de los progenitores puede ser causa para extinguir la pensión de alimentos?

Sí. La anterior cuestión se ha planteado en la **sentencia de la Audiencia Provincial de Santa Cruz de Tenerife n.° 126/2022, de 17 de marzo, ECLI:ES:APTF:2022:197**, que analiza si puede aplicarse lo dispuesto en el artículo 152.4 del CC, aunque no concurra causa de desheredación. Es decir, si a efectos de cese de la obligación alimenticia, se podría acudir a una interpretación flexible de las causas de desheredación conforme a la realidad social. En palabras del TS:

«El CC Cat. (arts. 237-13) prevé como el Código Civil que la obligación de prestar alimentos se extingue por el hecho de que el alimentado incurra en alguna causa de desheredación.

Lo que sucede es que, como hemos expuesto anteriormente, entre las causas de desheredación contempla (arts. 451-17 e) "La ausencia manifiesta y continuada de relación familiar entre el causante y el legitimario, si es por una causa exclusivamente imputable al legitimario". Causa ésta que el Código Civil no recoge.

Y recuerda el Tribunal Supremo, con cita de sus sentencias 558/2016, de 21 de septiembre, 184/2001, de 1 de marzo, o 603/2015, de 28 de octubre, que el derecho de alimentos del hijo mayor de edad se apoya fundamentalmente en lo que la doctrina civilista ha denominado "principio de solidaridad familiar" que, a su vez, debe ponerse en relación con la actitud personal de quien se considera necesitado, así como que, a tenor de lo dispuesto en el art. 3-1 CC, las normas se interpretarán atendiendo a la realidad social del tiempo en que han de ser aplicadas. Por ello se afirma en la analizada resolución que "No resultaría equitativo que quien renuncia a las relaciones familiares y al respaldo y ayuda de todo tipo que éstas comportan, pueda verse beneficiado después por una institución jurídica que encuentra su fundamento, precisamente, en los vínculos parentales".

Esta argumentación, que se hace al aplicar la normativa del CC Cat., es perfectamente extrapolable al derecho común, en la interpretación flexible de la causa de extinción de pensión alimenticia que propugnamos, porque la solidaridad familiar e intergeneracional es la que late como fundamento de la pensión a favor de los hijos mayores de edad, según la doctrina de la sala ya mencionada.

> *Pero también se imponen una serie de límites y cautelas, y se afirma que "9.- Ahora bien, admitida esta causa, por vía de interpretación flexible de las causas de desheredación, a efectos de extinción de la pensión alimenticia, entraría en consideración el segundo plano a que hacíamos mención (...)"».*
>
> Por ejemplo, puede ocurrir, que en un principio como consecuencia de un divorcio o que tras este alguno de los progenitores inicie una nueva relación, se dé un alejamiento o rechazo de los hijos hacia alguno de los progenitores, pero no se puede entender que esa situación de rechazo o distanciamiento perdure en los años cuando no se acredite una causa justificada para ese distanciamiento o rechazo de los/as hijos/as hacia uno de los progenitores, por lo que, en estos casos se cumplirían los presupuestos exigidos por el TS, esto es, la imputación del distanciamiento a los/as hijos/as y que tal rechazo y distanciamiento tengan una gravedad suficiente.

En conclusión, de lo anterior se desprende que la finalidad de los alimentos entre parientes y la de alimentos de los hijos menores es distinta, ya que, si **con los alimentos a los parientes ha de facilitarse el sustento básico para salvaguardar la vida del alimentista**, esto es, todo lo indispensable para el sustento, habitación, vestido y asistencia médica, **los alimentos a los hijos menores no se reducen a la mera subsistencia, al consistir en un deber de contenido más amplio, que se extiende a todo lo necesario para su mantenimiento, estén o no en situación de necesidad** (sentencia del Tribunal Constitucional n.º 57/2005, de 14 de marzo, ECLI:ES:TC:2005:57).

Obligación alimenticia respecto de hijos mayores de edad o emancipados

De acuerdo con el párrafo segundo del **artículo 93 del CC**:

> «**Si convivieran en el domicilio familiar hijos mayores de edad o emancipados que carecieran de ingresos propios**, el Juez, en la misma resolución, fijará los alimentos que sean debidos conforme a los artículos 142 y siguientes de este Código».

Por su parte, el **artículo 142 del CC** dispone que:

> «Los alimentos comprenden también la educación e instrucción del alimentista mientras sea menor de edad y aun después cuando no haya terminado su formación por causa que no le sea imputable».

Del meritado artículo se desprende que **la obligación de costear los estudios de los hijos recibe un tratamiento diferente al resto de necesidades de los hijos mayores de edad**, ya que, tal obligación está condicionada al buen aprovechamiento de los estudios por parte de estos.

CUESTIÓN

¿Qué duración tendrá el derecho de alimentos de los hijos?

El derecho de alimentos de los hijos durará mientras se mantenga la situación de necesidad o no haya terminado la formación del hijo por alguna causa que no le sea imputable al mismo (sentencia del Tribunal Supremo n.º 411/2000, de 24 de abril, ECLI:ES:TS:2000:3422).

> Si bien, en el Decreto Legislativo 1/2011, de 22 de marzo, del Gobierno de Aragón, por el que se aprueba, con el título de «Código del Derecho Foral de Aragón», el Texto Refundido de las Leyes civiles aragonesas, en su artículo 69 establece el límite de veintiséis años para el deber de alimentos sobre los hijos mayores de edad o emancipados, con la excepción de que convencional o judicialmente, se hubiera fijado una edad distinta, sin perjuicio del derecho del hijo/a a reclamar alimentos.
>
> Asimismo, la **Audiencia Provincial de Soria, en su sentencia n.º 27/2010, de 3 de marzo, ECLI:ES:APSO:2010:43,** señala que al igual que se ha hecho con las pensiones compensatorias, resulta conveniente establecer para los alimentos de los hijos mayores de edad una limitación temporal, en un intento de congeniar el favor progenitoris con el favor filii, la audiencia provincial hace referencia a la **sentencia de la Audiencia Provincial de Palencia n.º 81/1998, de 24 de marzo, ECLI:ES:APP:1998:174,** que reza, «que es un hecho socialmente admitido que las personas de edad de 26 años suelen haber terminado sus estudios y están en condiciones de acceder al mercado de trabajo, por lo que no parece oportuno que más allá de esa edad se mantengan estas pensiones como si de una carga familiar se tratara».

Asimismo, **no hay ningún precepto que establezca un límite de edad para que desaparezca la obligación de prestar alimentos,** sino que habrá que atender al caso concreto, ya que cada caso puede tener singularidades.

Si bien, nuestra jurisprudencia **ha venido atendiendo a la pasividad del hijo o de la hija para conseguir ingresos** a la hora de determinar o no la obligación de prestar alimentos a los hijos mayores de edad. En este sentido, la **sentencia del Tribunal Supremo n.º 603/2015, de 28 de octubre: ECLI:ES:TS:2015:4439,** dispuso:

> «Esta Sala debe declarar, que quedó constatado en las instancias, que el **hijo mayor de edad ha accedido al mercado laboral de forma intermitente desde 2007, que tiene una vivienda en propiedad, que ha abandonado su formación reglada y que no se ha probado la reiniciación de su vida académica, lo que denota pasividad** que no puede repercutir negativamente en su padre, por lo que debe estimarse el motivo y dejar sin efecto la pensión alimenticia al infringirse la doctrina jurisprudencial de esta Sala».

Otra sentencia interesante es la de la **Audiencia Provincial de Girona n.º 249/2015, de 6 de noviembre, ECLI:ES:APGI:2015:1049,** en la que se analiza la conducta del hijo mayor de edad que ha abandonado sus estudios y además no se implica en la búsqueda de empleo, por lo que, en este caso, la audiencia entiende que **«no puede pretenderse que se sigan prestando alimentos al hijo mayor de edad por razón de sus estudios, pues si no los ha finalizado es a él imputable».**

Como ya hemos adelantado, la obligación de alimentos tiene un tratamiento jurídico diferente según sean los hijos mayores o menores de edad. En el caso de los **menores de edad, los alimentos se prestan conforme a las circunstancias y necesidades económicas de los hijos en cada momento,** y en el caso de los **hijos mayores de edad, los alimentos son proporcionales al caudal de quien los da y las necesidades de quien los recibe (artículo 146 del CC), y se reducen a los alimentos que sean indispensables** para el sustento, habitación, vestido y asistencia médica, conforme al ya citado artículo 142 del CC (**sentencia del Tribunal Supremo n.º 661/2015, de 2 de diciembre, ECLI:ES:TS:2015:4925**).

Análisis jurisprudencial sobre la obligación alimenticia de los hijos mayores de edad con discapacidad

La Convención sobre los derechos de personas con discapacidad de 13 de diciembre de 2006 reconoce el derecho de las personas con discapacidad a un nivel de vida adecuado para ellas y sus familias, lo que incluye la alimentación, vestido y vivienda adecuados, y a la mejora continua de sus condiciones de vida.

Como ya se ha expuesto anteriormente, **los alimentos a los hijos no se extinguen por la mayoría de edad**, sino que la obligación se extiende hasta que estos alcancen suficiencia económica, siempre y cuando la necesidad no haya sido creada por la conducta del propio hijo.

En la **sentencia del Tribunal Supremo n.º 372/2014, de 7 de julio, ECLI:ES:TS:2014:2622,** el hijo de 27 años, con una discapacidad superior al 65 por ciento, alega que no puede llevar una vida independiente, ya que necesita apoyo para realizar sus actividades ordinarias. Por otro lado, su padre formuló demanda de modificación de medidas definitivas de divorcio, en la que interesaba la extinción de la pensión de alimentos ya que su hijo tendría las necesidades básicas cubiertas.

Tanto el juzgado como la AP de Sevilla estimaron las pretensiones del padre, ya que consideraron que «(...) con una capacidad superior al 65 por ciento, goza de todos los requisitos para acceder a una pensión contributiva por invalidez, siendo esta prestación suficiente para cubrir sus necesidades, prestación que si no se le concedió es porque muy probablemente se debió a los ingresos de la unidad familiar, que superaría el límite legalmente previsto».

Por otro lado, el Ministerio Fiscal consideró que, con una discapacidad mayor al 65 por ciento, no puede de ninguna manera llevar una vida independiente, al estar necesitado de apoyo para realizar sus actividades ordinarias, por lo que **«no se puede entender que estamos ante un hijo mayor de edad o emancipado, al que le sería aplicable el régimen de los artículos 142 y siguientes de Código Civil, puesto que los alimentos de un hijo de estas características, no pueden verse afectados por las limitaciones propias del régimen legal de alimentos entre parientes, no pudiendo tener el mismo régimen que los alimentos a otro hijo mayor de edad o emancipado».**

Asimismo, para el Tribunal Supremo es evidente que, aun cuando el hijo puede recibir ayudas de la Administración, **no es posible desplazar la responsabilidad de mantenimiento hacia los poderes públicos** en beneficio del progenitor.

Finalmente, el Alto Tribunal estima el motivo alegado por el hijo con discapacidad y, por lo tanto, el recurso de casación. Así, en funciones de instancia, se casa y anula la sentencia recurrida y se acuerda mantener la pensión alimenticia vigente hasta el momento en favor del hijo mayor de edad, debiendo el padre afrontar el 50 por ciento de los gastos extras de sanidad y formación no cubiertos por la Seguridad Social, previa justificación.

Con la referida sentencia **se estableció la siguiente doctrina jurisprudencial:**

«(...) la situación de discapacidad de un hijo mayor de edad no determina por sí misma la extinción o la modificación de los alimentos que los padres deben prestarle en juicio matrimonial y deberán equipararse a los que se entregan a los menores mientras se mantenga la convivencia del hijo en el domicilio familiar y se carezca de recursos».

En este mismo sentido se pronuncia la **sentencia del Tribunal Supremo n.º 430/2015, de 17 de julio, ECLI:ES:TS:2015:3441,** en la que establece que la situación de un hijo con discapacidad deberá **«equipararse a los alimentos que se entregan a los menores mientras se mantenga la convivencia del hijo en el domicilio familiar y se carezca de recursos».**

Sin embargo, no todos los casos son idénticos y las precitadas sentencias pueden dar a entender que todos y cada uno de los supuestos de discapacidad, física, mental, intelectual o sensorial, conllevan la misma solución y que a todos ellos resulta de aplicación la doctrina del Tribunal Supremo derivada de la **sentencia n.º 372/2014, de 7 de julio,** sin ofrecer una respuesta adaptada a las particulares circunstancias de las personas afectadas por algún tipo de discapacidad. En este sentido se pronuncia la **sentencia del Tribunal Supremo n.º 666/2017, de 13 de diciembre, ECLI:ES:TS:2017:4371.**

Para concluir, hay que señalar que **la doctrina de equiparación entre los mayores de edad con discapacidad y los menores de edad establecida en la sentencia de nuestro Alto Tribunal de 7 de julio de 2014 no puede ser absoluta,** ya que tal equiparación se hizo en un supuesto muy concreto.

2.
ASPECTOS BÁSICOS SOBRE LA PENSIÓN DE ALIMENTOS A LOS HIJOS DERIVADA DE LOS CASOS DE SEPARACIÓN, DIVORCIO O NULIDAD MATRIMONIAL

Determinación de la pensión alimenticia a los hijos derivada de los casos de nulidad, separación o divorcio

Los padres tienen la obligación de alimentar a sus hijos, aunque hayan sido privados de la patria potestad, tal y como establecen los **artículos 110 y 111 del Código Civil**, fundamentándose la razón de esta obligación en la misma relación de filiación.

A TENER EN CUENTA. El art. 110 del Código Civil ha sido modificado por la Ley 4/2023, de 28 de febrero, para la igualdad real y efectiva de las personas trans y para la garantía de los derechos de las personas LGTBI, en vigor desde el 02/03/2023.

Por lo que, la nulidad, separación o divorcio de los cónyuges no excluye la obligación de los progenitores de prestar alimentos a sus hijos.

En estos casos de «crisis del matrimonio», el juez «**determinará la contribución de cada progenitor para satisfacer los alimentos y adoptará las medidas convenientes para asegurar la efectividad y acomodación de las prestaciones a las circunstancias económicas y necesidades de los hijos en cada momento**», tal y como reza el **artículo 93 del Código Civil**.

¿Qué se entiende por pensión de alimentos a los hijos?

En los casos de separación, nulidad y divorcio, la pensión de alimentos es **la obligación que recae sobre uno de los progenitores**, habitualmente sobre el progenitor que no tenga consigo a los hijos, **frente a estos.**

La pensión de alimentos abarca todo lo indispensable para el sustento, habitación, vestido, asistencia médica y educación e instrucción del alimentista.

Asimismo, la pensión de alimentos debe atender al **principio de proporcionalidad** contenido en el **artículo 146 del Código Civil**:

«La cuantía de los alimentos será proporcional al caudal o medios de quien los da y las necesidades de quien los recibe».

2.1. Fijación de la pensión de alimentos

¿Cuándo se fija la pensión de alimentos a los hijos?

De acuerdo con el primer párrafo del **artículo 148 del Código Civil**:

«La obligación de dar alimentos será exigible desde que los necesitare, para subsistir, la persona que tenga derecho a percibirlos, pero no se abonarán sino desde la fecha en que interponga la demanda».

Por su parte, el **Tribunal Supremo en su sentencia n.º 162/2014, de 26 de marzo, ECLI:ES:TS:2014:1111**, establece que «cada resolución desplegará su eficacia desde la fecha en la que se dicte y será **solo la primera resolución que fije la pensión de alimentos la que podrá imponer el pago desde la fecha de la interposición de la demanda**, porque hasta esa fecha no estaba determinada la obligación, y las restantes resoluciones serán eficaces desde que se dicten, momento en que sustituyen a las citadas anteriormente».

La anterior doctrina es confirmada por la **sentencia del Tribunal Supremo n.º 389/2015, de 23 de junio, ECLI:ES:TS:2015:273**. Dicha doctrina se asienta en que, de una parte el artículo 106 del Código Civil establece que los «efectos y medidas previstos en este Capítulo terminan en todo caso cuando sean sustituidos por los de la sentencia o se ponga fin al procedimiento de otro modo» y, de otra parte, el artículo 774.5 de la LEC dispone que «los recursos que conforme a la Ley se interpongan contra la sentencia no suspenderán la eficacia de las medidas que se hubieran adoptado en esta», razones que llevan al Tribunal Supremo a entender que **cada resolución habrá de desplegar su eficacia desde la fecha en que se dicte, siendo solo la primera resolución que fije la pensión de alimentos la que podrá imponer el pago desde la fecha de interposición de la demanda**, ya que **hasta esa fecha no estaba determinada la obligación**, no así las restantes resoluciones que modifiquen su cuantía, independientemente si la modificación es al alza o a la baja, las cuales solo serán eficaces desde que se dicten, momento en que sustituyen a las dictadas anteriormente.

De acuerdo con lo anteriormente expuesto, no cabe confundir dos supuestos:

- Aquel en que **la pensión se instaura por primera vez en una resolución judicial**.
- Aquel en el que **existe una pensión alimenticia ya declarada y, por tanto, que ha venido siendo percibida por los hijos menores**.

En consecuencia, **las pensiones alimenticias deberán pagarse desde la fecha en la que se interpuso la demanda iniciadora del proceso**. Sin embargo, habrá que descontar las cantidades que consten desde la fecha de interposición de la demanda hasta la fecha en la que se dictó la sentencia pagadas por el progenitor no custodio en concepto de pensión de alimentos. Todo ello, en orden de evitar que el obligado pague dos veces (**sentencia del Tribunal Supremo n.º 600/2016, de 6 de octubre, ECLI:ES:TS:2016:4276**).

En el mismo sentido, la **sentencia del Tribunal Supremo n.º 644/2020, de 30 de noviembre, ECLI:ES:2020:4033**, señala:

> «(…) debemos entender que se acierta en la sentencia recurrida cuando **se fijan los alimentos desde la interposición de la demanda, dado que la sentencia de la Audiencia Provincial es la primera sentencia que fija los alimentos, ya que la sentencia del juzgado no los fijaba** y dejaba sin efecto los establecidos en el auto de medidas.
>
> Sin embargo, sí debe estimarse parcialmente el motivo, en el sentido de que habrá de descontarse lo pagado en concepto de alimentos en virtud de medidas coetáneas a la interposición a la demanda, tal y como se solicita, para evitar el pago duplicado».

Sin embargo, **el progenitor no custodio debe probar que ha venido pagando las cantidades de la pensión de alimentos desde la fecha de interposición de la demanda**. En este sentido, es importante señalar el concepto de la transferencia de ingreso de la pensión el mes al que corresponde la pensión.

¿Dónde se fija la pensión de alimentos?

|| Convenio regulador

En palabras del Tribunal Supremo, el convenio regulador es «un **negocio jurídico de derecho de familia** que, de acuerdo con la autonomía de la voluntad de los afectados, puede contener tantos pactos típicos, como atípicos» (**sentencia del Tribunal Supremo n.º 233/2012, de 20 de abril, ECLI:ES:TS:2012:2906**), en el que intervienen los particulares y la autoridad judicial, y tiene por finalidad regular los efectos de las situaciones de crisis de matrimonio, incluyendo, a este respecto, «una serie de factores entre los cónyuges, cuyo contenido mínimo está integrado por las **medidas relativas a la guarda y custodia, régimen de visitas, atribución del uso de la vivienda familiar, alimentos y cargas del matrimonio, liquidación del régimen económico matrimonial y pensión compensatoria**».

El convenio regulador, como ya se ha dicho, opera en los casos de crisis matrimonial (nulidad, separación y divorcio) y su contenido mínimo se relaciona en el **artículo 90 del CC**.

Los acuerdos que hayan adoptado los cónyuges para regular las consecuencias de la nulidad, separación y divorcio se presentarán ante el órgano judicial para que sean homologados por la autoridad judicial, si bien, **esta** podrá denegar, mediante resolución motivada, la aprobación del referido convenio en caso de que los pactos contenidos en el mismo no garanticen suficientemente los alimentos a los hijos/as, la educación, etc.

En caso de denegación del convenio regulador por la autoridad judicial, los cónyuges deberán presentar una nueva propuesta para su homologación judicial. La nueva propuesta podrá limitarse, únicamente, a los puntos denegados por la autoridad judicial.

Pero ¿qué ocurrirá en caso de que la segunda propuesta también sea denegada? En este caso, será la autoridad judicial quien decida las medidas a adoptar sobre las partes del convenio que no se han homologado.

> **CUESTIÓN**
>
> **¿Cuándo comenzará a surtir efectos el convenio regulador?**
>
> El convenio regulador comenzará a surtir efectos desde que sea aprobado judicialmente. En el momento de la aprobación podrá hacerse efectivo por la vía de apremio. Es el artículo 777 de la LEC el que se ocupa, entre otros asuntos relacionados, del proceso de aprobación del convenio regulador en los supuestos de separación o divorcio solicitados de mutuo acuerdo o por uno de los cónyuges con consentimiento del otro.

Medidas adoptadas por la autoridad judicial (divorcios contenciosos)

Para los casos en los que el divorcio sea contencioso, es decir, no exista acuerdo entre los cónyuges y en los casos en los que **no exista convenio regulador**, la autoridad judicial adoptará las medidas definitivas que considere más convenientes, tanto para los hijos/as como para los cónyuges.

La pensión de alimentos se fijará en la sentencia que dicte el divorcio.

Por otro lado, debemos destacar que la pensión de alimentos puede ser acordada de oficio por el tribunal, aunque ninguna de las partes lo solicite.

> **A TENER EN CUENTA**. Las medidas adoptadas por la autoridad judicial podrán ser modificadas tanto judicialmente como por un nuevo convenio regulador homologado por la autoridad judicial, cuando así lo aconsejen las nuevas necesidades de los hijos/as o el cambio de las circunstancias de los cónyuges.

2.2. Obligación al pago

¿Quién debe pagar la pensión alimenticia a los hijos?

Habitualmente será el progenitor no custodio el obligado a abonar la pensión de alimentos de los hijos. Sin embargo, debemos atender al tipo de custodia fijado respecto de los hijos/as.

Custodia exclusiva de uno de los progenitores (custodia monoparental)

El obligado a satisfacer la pensión de alimentos será el progenitor que no tenga atribuida la custodia, es decir, el progenitor no custodio.

CUESTIONES

1. «A» ha estado abonando la pensión de alimentos a «B» durante cinco años, ya que creía que era su hijo/a. A día de hoy, y tras las pertinentes pruebas de paternidad, se confirma que «A» no es el progenitor biológico de «B», ¿tendrá derecho «A» a la restitución de las cantidades abonadas a «B» en concepto de pensión de alimentos?

No, pues los alimentos no tienen efectos retroactivos y no se devuelven, dada la finalidad de la obligación que no busca más que la protección a un menor y se encuentra configurada como obligación legal y existe, por tanto, justa causa, manteniéndose este deber hasta que se destruye la realidad biológica mediante sentencia. No puede obligarse a devolver, ni en parte, las pensiones percibidas, por lo que, no se devuelven los alimentos como tampoco se devuelven los demás efectos asociados a estos derechos y obligaciones propias de las relaciones de los padres con sus hijos (sentencia del Tribunal Supremo n.º 629/2018, de 13 de noviembre, ECLI:ES:TS:2018:3700).

2. «B» ejercita la acción de modificación de las medidas definitivas fijadas en la sentencia de divorcio, encaminada a la obtención de un pronunciamiento judicial que declare que los hijos del matrimonio ahora mayores de edad cuentan con ingresos propios para satisfacer sus necesidades, al haberse incorporado al mercado laboral y ser económicamente dependientes. ¿Tendrá derecho «B» a la restitución de las cantidades abonadas en concepto de pensión de alimentos desde que los hijos son independientes económicamente?

Tal y como señala la sentencia del Tribunal Supremo n.º 412/2022, de 23 de mayo, ECLI:ES:TS:2022:2076:

«(...) No procede la devolución de los alimentos consumidos aunque la obligación de prestarlos fuera reducida o extinguida.

Dicha regla es manifestación de una reiterada doctrina de este tribunal que se remonta a la antigua sentencia de 18 de abril de 1913, que confirma la línea jurisprudencial de las sentencias de 30 de junio de 1885 y 26 de octubre de 1897, citadas en las sentencias de 202/2015, de 24 de abril y 573/2016, de 29 de septiembre, conforme a la cual los alimentos no tienen efectos retroactivos, "de suerte que no puede obligarse a devolver, ni en parte, las pensiones percibidas, por supuesto consumidas en necesidades perentorias de la vida" (STS 483/2017, de 20 de julio y 630/2018 de 13 de noviembre). Su fundamento se encuentra en el carácter consumible de los mismos (sentencias 600/2016, de 6 de octubre 2016 y 147/2019, de 12 de marzo)».

La sentencia del Tribunal Supremo n.º 1072/2023, de 3 de julio, ECLI:ES:TS:2023, en un asunto idéntico al que aquí se cuestiona reza como sigue: «En definitiva, el proceso judicial fue necesario para acreditar la extinción de la pensión de alimentos; es decir, para determinar si el alimentista contaba con recursos suficientes para atender a sus necesidades. No estamos ante un supuesto en el que concurra una situación objetivamente constatable de pérdida sobrevenida de la legitimación del progenitor demandado para percibir una contribución de alimentos por ausencia de convivencia con los hijos mayores de edad económicamente independientes (art. 93.2 CC), o en los que se esté utilizando el montante económico percibido, por tal concepto, en provecho exclusivo del progenitor perceptor de la prestación, o cuando se produce un cambio de custodia a favor del progenitor deudor de los alimentos. En el presente caso, la necesidad existía al presentarse la demanda, se determinó la concurrencia de motivos de extinción durante el proceso y los alimentos fueron consumidos por los hijos, que eran los destinatarios de dicha prestación».

3. **«A» tiene la custodia exclusiva de «B» que recibe una pensión de alimentos de 300 euros mensuales abonada por el progenitor no custodio. «B» hace 2 años que ya no convide en el domicilio familiar con «A» si bien, sigue recibiendo la pensión de alimentos todos los meses. ¿Puede el progenitor no custodio reclamar las cantidades abonadas en concepto de pensión de alimentos desde que «B» no convive en el domicilio familiar?**

Sí, así lo señala el Tribunal Supremo en su sentencia n.º 232/2024, de 21 de febrero, ECLI:ES:TS:2024:981, que entiende que, *«(...) la recurrente había dejado de estar legitimada para percibir la pensión alimenticia, al amparo del arts. 93.2 CC, por haber desaparecido los condicionantes fácticos en orden a su subsistencia, ya que su hijo mayor de edad gozaba de ingresos propios y había dejado de convivir con ella, añadiendo que, desde el cese de dicha convivencia, el único legitimado para reclamar alimentos a su progenitor era él, al ser mayor de edad (...)».*

Por tanto, «B» percibió la pensión sin justificación ni causa legal, conforme a lo dispuesto en el artículo 93.2 del CC, por haber desaparecido los condicionantes fácticos en el orden a su subsistencia.

|| Custodia compartida

Serán los dos progenitores los obligados a satisfacer la pensión alimenticia de los hijos.

En los casos de custodia compartida existe una importante variedad de pronunciamientos por parte de las audiencias provinciales con relación a la forma en la que se regulan las contribuciones de los progenitores a los alimentos y gastos de los menores una vez establecida esa custodia, dependiendo de las circunstancias existentes en cada **caso concreto**.

- **Sistema «tipo»**. Es el más habitual, cada progenitor hará frente a los gastos ordinarios de los menores cuando estos se encuentren en su compañía y el resto de gastos (escolarización, gastos farmacéuticos...) serán satisfechos por mitad.

- **Cuenta bancaria mancomunada**. Cada progenitor ingresará en ella la cantidad determinada en la sentencia, con cargo a la que irán aquellos gastos de los menores que no queden directamente cubiertos por la estancia con uno u otro.

- **Porcentaje de contribución en los gastos de los hijos**. Este sistema es habitual adoptarlo en los casos en los que existe disparidad de ingresos entre los progenitores. Se contemplan dos modos diferentes en su establecimiento:
  - » Se fijan porcentajes diferentes en las cantidades objeto de ingreso mensual en una cuenta conjunta de la que han de pagarse los gastos de los hijos.
  - » Fijación en exclusiva de determinados gastos al progenitor que cuenta con mayores posibilidades económicas.

- **Fijación de pensión de alimentos a favor de los menores con cargo a uno de los progenitores.** Nos encontramos este sistema en aquellos supuestos en los que existe una diferencia relevante entre los ingresos de uno y de otro progenitor. Si bien, cabe advertir que la cuantía de estas pensiones de alimentos es notablemente inferior a las fijadas en los sistemas de custodia monoparental, un ejemplo de este sistema lo vemos en la **sentencia del Tribunal Supremo n.º 390/2015, de 26 de junio, ECLI:ES:TS:2015:2736.**

Por lo que, **la estancia paritaria de los menores en el domicilio de cada progenitor no exime del pago de la pensión de alimentos** cuando exista desproporción entre los ingresos de ambos cónyuges, pues, de acuerdo con el artículo 146 del CC la cuantía de los alimentos será proporcional a las necesidades del que los recibe, pero también al caudal o medios de quien los da (sentencia del Tribunal Supremo n.º 564/2017, de 17 de octubre, ECLI:ES:TS:2017:3718).

Así, la **sentencia del Tribunal Supremo n.º 866/2022, de 9 de diciembre, ECLI:ES:TS:2022:4499,** analiza un caso que trae causa de la demanda promovida por el progenitor de modificación medidas adoptadas por mutuo acuerdo en el procedimiento de guarda y custodia, en el cual se había decidido conceder la guarda y custodia a la madre. Ante un cambio en la situación laboral, el padre solicita que se establezca la custodia compartida y la supresión de la pensión de alimentos. Esta solicitud es denegada en primera instancia, pero en apelación de estima el recurso, estableciéndose un régimen de guarda y custodia compartida asumiendo los progenitores los gastos de sus hijos las semanas que estén a su cargo, con gastos extraordinarios al 50 %.

Por su parte, la progenitora recurre esta resolución señalando que, pese a la adopción de la custodia compartida, procedería haber establecido una pensión de alimentos atendiendo a la desproporción entre los ingresos de ambos progenitores. Por un lado, el padre con trabajo estable y domicilio propio, mientras que la madre se encuentra en situación de desempleo y vive en el domicilio de la abuela de los menores. Esta diferencia, considera la madre, supondría un perjuicio a los menores que pasarían de un mundo de estrecheces con la madre, mientras que el padre podría permitir ciertos lujos.

El Tribunal Supremo estima el motivo y se remite a la jurisprudencia establecida por el mismo considerando que se infringe el art. 142 del CC que determina que el sistema de guarda y custodia compartida no exime del abono de pensión alimenticia. En este sentido establece el Alto Tribunal:

> «Esta sala ha declarado en sentencia 656/2021, de 4 de octubre, que los alimentos están sujetos al principio de proporcionalidad, en base a la capacidad de ambos progenitores y necesidad del alimentado.
> Esta Sala en sentencias 55/2016, de 11 de febrero, y 564/2017, de 17 de octubre, entre otras, ha declarado que la estancia paritaria no exime del pago de alimentos cuando exista desproporción en los ingresos de ambos progenitores (art. 146 del C. Civil)».

2.3. El cese de la obligación

¿Cuándo cesará la obligación de prestar alimentos?

De acuerdo con el **artículo 150 del CC**: «La obligación de prestar alimentos cesa con la muerte del obligado, aunque los prestase en cumplimiento de una sentencia firme».

Asimismo, cesará también la obligación de dar alimentos (**artículo 152 del CC**):

- **Muerte** del alimentista.

- **La fortuna del obligado a prestar alimentos se hubiera reducido hasta el punto de no poder satisfacerlos sin desatender sus propias necesidades y las de su familia.**

- **Cuando el alimentista pueda ejercer un oficio**, profesión o industria, o haya adquirido un destino o mejorado de fortuna, de suerte que no le sea necesaria la pensión alimenticia para su subsistencia.

- **Cuando el alimentista, sea o no heredero forzoso, hubiese cometido alguna falta de las que dan lugar a la desheredación.**

- **Cuando el alimentista sea descendiente del obligado a dar alimentos, y la necesidad de aquel provenga de mala conducta o de falta de aplicación al trabajo, mientras subsista esta causa.**

CUESTIÓN

Una hija menor de edad percibe una pensión de alimentos por parte de uno de sus progenitores. La cuantía de la pensión es de 300 euros mensuales. Cuando la hija cumple diecisiete años recibe una beca de estudios por la que percibirá 950 euros mensuales durante un período de un año, además de la manutención en una residencia de estudiantes y el pago de la matrícula del colegio. ¿Se podrá suspender la pensión de alimentos durante el tiempo que la hija menor reciba la beca de estudios?

Sí, podrá suspenderse la pensión de alimentos durante el tiempo que la hija menor perciba la beca, pero no podrá suprimirse.

Sin embargo, debemos tener en cuenta que el tratamiento jurídico de los hijos menores de edad presenta una marcada diferencia respecto del régimen regulador entre parientes, por lo que la obligación de prestar alimentos a los hijos menores de edad subsiste de manera incondicional aun en el caso de que el hijo tenga sus necesidades cubiertas por sus propios medios.

Por lo que, cuando el menor, como es en este caso, tiene ingresos propios, estimados según las circunstancias del caso, de entidad suficiente para cubrir completamente sus necesidades de alimentación, vestido, alojamiento y educación, nada impide a que la presentación alimenticia pueda no cesar, pero sí suspenderse en su percepción. En este sentido se pronuncia la **sentencia del Tribunal Supremo n.° 1007/2008, de 24 de octubre, ECLI:ES:TS:2008:5556.**

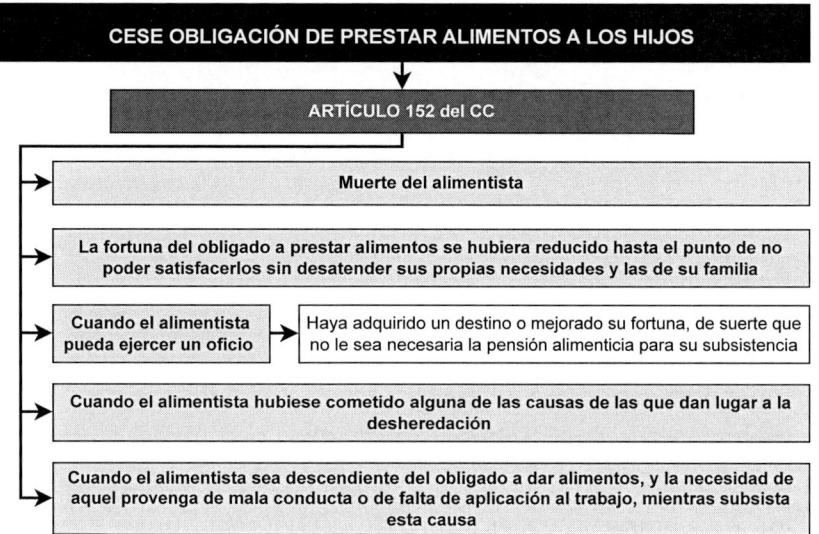

2.4. Los gastos ordinarios y extraordinarios

Concepto de gastos ordinarios y gastos extraordinarios

Para comenzar este tema debemos en primer lugar recordar algunos conceptos sobre la obligación de alimentar a los hijos menores. Esta obligación va más allá de la solidaridad entre parientes que regula el título VI del libro primero del CC. Los alimentos debidos a los hijos se regulan en el art. 93 del CC que establece:

> «El Juez, en todo caso, determinará la contribución de cada progenitor para satisfacer los alimentos y adoptará las medidas convenientes para asegurar la efectividad y acomodación de las prestaciones a las circunstancias económicas y necesidades de los hijos en cada momento.
>
> Si convivieran en el domicilio familiar hijos mayores de edad o emancipados que carecieran de ingresos propios, el Juez, en la misma resolución, fijará los alimentos que sean debidos conforme a los artículos 142 y siguientes de este Código».

A este precepto añade el art. 142 del CC:

> «Se entiende por alimentos todo lo que es indispensable para el sustento, habitación, vestido y asistencia médica.

Los alimentos comprenden también la educación e instrucción del alimentista mientras sea menor de edad y aun después cuando no haya terminado su formación por causa que no le sea imputable.

Entre los alimentos se incluirán los gastos de embarazo y parto, en cuanto no estén cubiertos de otro modo».

Estos dos artículos serían más que suficientes para que los progenitores contribuyan a todos los gastos necesarios para la alimentación y educación de sus hijos. Sin embargo, el Código Civil señala una obligación más en su artículo 154: la patria potestad comprende el deber de velar por los hijos, tenerlos en su compañía, alimentarlos, educarlos y procurarles una formación integral. Precisamente la expresión «pensión alimenticia» se utiliza para designar la contribución del progenitor no custodio, en cumplimiento de esta obligación legal.

En la aportación que los progenitores deben hacer en materia de gastos de los hijos menores debemos distinguir entre:

- **Gastos ordinarios.** Son los necesarios, periódicos y previsibles y, por tanto, deben ser tenidos en cuenta cuando se fija la pensión de alimentos. Dentro de esta clasificación se encuadran los gastos que referencia el art. 142 del CC anteriormente expuesto. La **sentencia del Tribunal Supremo n.º 721/2011, de 26 de octubre, ECLI:ES:TS:2011:7070**, en relación a lo que se considera gasto ordinario determina: «El art. 154.2, 1° CC obliga a los titulares de la patria potestad a velar por sus hijos, alimentarlos, educarlos y procurarles una formación integral, lo que cuando ocurre en situaciones de separación o divorcio, debe completarse con lo dispuesto en el art. 142 CC, que contiene un concepto amplio de alimentos, al incluir lo que es indispensable para el sustento, habitación, vestido y asistencia médica, educación e instrucción del alimentista. Lo discutido en este litigio es, por una parte, la cuantía y, por otra, el propio concepto de gasto, ordinario o extraordinario y la respuesta la proporciona el art 146 CC, cuando establece que "la cuantía de los alimentos será proporcionada al caudal o medios de quien los da y las necesidades del alimentista". De este modo, si durante la convivencia, los progenitores habían acordado que determinados gastos formaban parte de la formación integral de sus hijos, siempre que se mantenga el nivel económico que existía antes de la separación/divorcio, deben considerarse los gastos acordados como ordinarios».

- **Gastos extraordinarios.** Son los imprevisibles, no se sabe si se producirán ni cuándo lo harán y, en consecuencia, no son periódicos.

Los juzgados han establecido reiteradamente una clasificación de gastos atendiendo a la naturaleza de los mismos y que determina la necesidad de que se incluyan en la pensión alimentaria o, por el contrario, se deba compartir el gasto con independencia a la pensión fijada. Así en múltiples sentencias de las audiencias provinciales —como por ejemplo, en la **SAP de Córdoba n.º 1134/2022, de 23 de diciembre, ECLI:ES:APCO:2022:1303**, y en la **SAP de Barcelona n.º 741/2021, de 3 de diciembre, ECLI:ES:APB:2021:15018**— vemos reflejada la siguiente clasificación:

- **Gastos ordinarios usuales** e incluidos en la pensión alimenticia destinada a cubrir necesidades comunes: vestido, ocio, educación, incluidos los universitarios en centros públicos —recibos expedidos por el centro educativo, seguros escolares, AMPA, matrícula, aula matinal, transporte y comedor en su caso, material docente no subvencionado, excursiones escolares, uniformes, libros—.

- **Gastos ordinarios no usuales,** deben ser en todo caso consensuados de forma expresa y escrita para que pueda compartirse el gasto y a falta de acuerdo, serán sufragados por quien de forma unilateral haya tomado la decisión, y sin perjuicio de que pueda ejercitarse con carácter previo la acción del art. 156 del CC, si la discrepancia estriba en si debe o no el menor realizar la actividad: actividades extraescolares, deportivas, música, baile, informática, idiomas, campamentos o cursos de verano, viajes al extranjero, fiestas de cumpleaños u onomásticas y otras celebraciones necesarias de los hijos, así como los gastos de colegio/universidad privados, máster o curso de postgrado, y las estancias en residencias universitarias, colegios mayores o similares.

- **Gastos extraordinarios de carácter médico:** los odontológicos y tratamientos bucodentales incluida la ortodoncia, prótesis, logopeda, psicólogo, fisioterapia o rehabilitación —incluida natación— con prescripción facultativa, óptica, gastos de farmacia no básicos y con prescripción médica, tratamientos de homeopatía y, en general, cualquier otro gasto sanitario no cubierto por el sistema público de salud de la Seguridad Social, o por el seguro médico privado que puedan tener concertado los progenitores.

- **Gastos extraordinarios de carácter educativo:** las clases de apoyo escolar motivadas por el rendimiento académico.

A TENER EN CUENTA. El anterior listado no tiene carácter exhaustivo.

Asimismo, dentro de los gastos extraordinarios podemos diferenciar los **gastos extraordinarios necesarios** y los **gastos extraordinarios no necesarios.**

En cuanto a los **requisitos para la exigibilidad** de los gastos extraordinarios, se distinguen aquellas actuaciones que requieren acuerdo y las que no lo precisan. La **Audiencia Provincial de Barcelona en su sentencia n.º 501/2009, de 9 de julio, ECLI:ES:APB:2009:7552,** determina que los gastos extraordinarios, entendidos rectamente como aquellos que son necesarios, no periódicos e imprevisibles (como gastos médicos, odontológicos, etc., no incluidos en la Seguridad Social o en un seguro privado) **no requieren acuerdo, por su condición de necesarios, sino comunicación suficiente al otro progenitor y deben costearse por mitad,** salvo razones especiales que determinen otra distribución.

Por lo que, solo los **gastos no necesarios requieren acuerdo donde se prevea la proporción de pago** y que, en caso de desacuerdo, puede ser suplido por decisión judicial.

CUESTIÓN

En el momento de la firma del convenio regulador, el hijo de ambos progenitores acude a clases de piano desde hace dos años, ¿estaríamos ante un gasto extraordinario? Y si las tuvieran planeadas para que las comenzara al mes siguiente de la firma del convenio regulador, ¿estaríamos ante un gasto extraordinario?

No, en ninguno de los casos estaríamos ante gastos extraordinarios, pues los gastos serán extraordinarios siempre y cuando no se estén llevando a cabo en el momento de la firma del convenio regulador o de tramitación del procedimiento, pues no se trata de gastos imprevisibles y, además, es un gasto periódico. Si por el contrario el hijo comienza las clases de piano cinco meses después de la firma del convenio regulador, estaríamos ante un gasto extraordinario no necesario que precisará del acuerdo de ambos progenitores.

2.5. La renuncia al pago de la pensión de alimentos

¿Se puede renunciar a la pensión de alimentos por acuerdo entre los progenitores?

De acuerdo con el Código Civil, **el derecho de alimentos no es renunciable ni transmisible a un tercero.** Tampoco los alimentos pueden compensarse con lo que el alimentista deba al que ha de prestarlos (artículo 151 del CC).

Así, el **Tribunal Supremo en su sentencia n.º 34/1924, de 20 de octubre, ECLI:ES:TS:1924:284,** señalaba que **la deuda alimenticia es correlativa y recíproca entre los cónyuges** y tiene como caracteres:

- Personal.
- Intransmisible.
- Proporcional.
- Irrenunciable.
- Imprescriptible.

De tal forma que, en los casos en los que exista un convenio paralelo suscrito y sustraído al control judicial por las partes, al que la doctrina jurisprudencial reconoce plena eficacia *inter partes,* pese a carecer de sanción judicial, en tanto son negocios jurídicos concertados según el principio de autonomía de la voluntad que proclama el artículo 1255 del CC. El mismo será válido para la regulación de los efectos de la separación o el divorcio entre los que se encontrarán los efectos económicos, pero **dicha eficacia presenta la excepción derivada de la indisponibilidad de determinadas materias, como es la pensión de alimentos a favor de los hijos menores de edad** (sentencia de la Audiencia Provincial de Ourense n.º 735/2005, de 7 de noviembre, ECLI:ES:APOU:2005:753).

Por lo que, **el derecho de los hijos es un derecho irrenunciable que escapa a la voluntad de los progenitores.**

Por otro lado, y para el caso de los hijos mayores de edad, no puede fijarse una fecha *a priori* para la extinción de la obligación, es decir, **no se puede plantear una renuncia anticipada a la pensión de alimentos,** tal y como lo señaló la **Audiencia Provincial de A Coruña en su sentencia n.º 226/2014, de 4 de julio, ECLI:ES:APC:2014:1365.**

CUESTIÓN

«A» es mayor de edad, pero no tiene independencia económica. Su progenitor, «B», con el que tiene nula relación, le ingresa mensualmente en concepto de pensión de alimentos 250 euros. ¿La falta de relación paterno filial puede servir de base para el cese de la obligación de «B» de prestar alimentos a «A»?

Sí, pero únicamente en los casos en los que los hijos/as hayan alcanzado la mayoría de edad. En este sentido, es importante la **sentencia del Tribunal Supremo n.º 104/2019, de 19 de febrero, ECLI:ES:TS:2019:502,** que, por primera vez, se pronuncia sobre la extinción de la pensión de alimentos para los casos de falta de relaciones paterno-filiales. Además de la mayoría de edad, el Alto Tribunal exige que la falta de relación sea atribuible a los alimentistas. La meritada sentencia reza con el tenor literal siguiente: *«(...) siendo la negativa a relacionarse con el padre una decisión libre que parte de los hijos mayores de edad y habiéndose consolidado tal situación de hecho en virtud de la cual el padre ha de asumir el pago de unos alimentos sin frecuentar el trato con los beneficiarios ni conocer la evolución de sus estudios, se considera impropio que subsista la pensión a favor de los alimentistas por cuanto que se estaría propiciando una suerte de enriquecimiento injusto a costa de un padre al que han alejado de sus vidas.*

"En definitiva, la mayoría de edad de los hijos y su manifiesto y continuado rechazo a su padre puede y debe calificarse como una alteración de las circunstancias de verdadera trascendencia por sus repercusiones en el ámbito personal de los implicados, siendo además una situación duradera y no coyuntura) o transitoria, que puede ser imputable a los alimentistas, sin que ello reste responsabilidades al padre por su falta de habilidades, y que ha acaecido con posterioridad al momento en que se adoptó la medida cuya modificación se pretende"».

3.
LA CUANTÍA DE LA PENSIÓN DE ALIMENTOS A LOS HIJOS Y SU ACTUALIZACIÓN

¿Qué se entiende por mínimo vital?

La **cantidad mínima imprescindible** para el desarrollo de la existencia en condiciones de suficiencia y dignidad se denomina **mínimo vital**.

Así, en palabras de la **Audiencia Provincial de Vizcaya, a través de su sentencia n.º 783/2010, de 15 de octubre, ECLI:ES:APBI:2010:1974**, se refiere al mínimo vital como el:

> «(...) **mínimo imprescindible para el desarrollo de la existencia de los menores en condiciones de suficiencia y dignidad** a los efectos de garantizar, al menos y en la medida de lo posible, un mínimo desarrollo físico, intelectual y emocional al que deben coadyuvar a sus progenitores por razón de las obligaciones asumidas por los mismos en su condición de tales (...)».

Por su parte, la **Audiencia Provincial de Barcelona en su sentencia n.º 765/2013, de 6 de noviembre, ECLI:ES:APB:2013:12481**, considera que:

> «(...) en esta cantidad **se reflejan los mínimos gastos de todos los capítulos repercutibles**, como vestido, sanidad y educación que, aun cuando el menor asista a un centro público, son generados por las necesidades de material escolar, libros, actividades complementarias, cuotas de la asociación de padres, y demás gastos ordinarios que comporta habitualmente un menor».

CUESTIÓN

El progenitor no custodio obligado a satisfacer la pensión de alimentos de los hijos menores de edad carece de empleo y únicamente cobra una prestación de 400 euros. ¿Está obligado igualmente a satisfacer la pensión de alimentos con un mínimo vital?, y, en caso de estarlo, ¿qué cuantía deberá abonar en concepto de pensión de alimentos?

Sí, actualmente existe una jurisprudencia estable en el sentido de que, aunque se carezcan de ingresos mínimos, debe de cubrirse un «mínimo vital» del menor (sentencia de la Audiencia Provincial de A Coruña n.º 57/2018, de 21 de febrero, ECLI:ES:APC:2018:826).

En lo referente a la cuantía, según la opinión mayoritaria de las audiencias provinciales, la cuantía del mínimo vital en la pensión alimenticia suele oscilar entre los 150 y 200 euros mensuales, aunque el progenitor no tenga ingresos, salvo enfermedad o falta de capacidad o de aptitud para acceder al mercado de trabajo, con el que se presume que se pueden cubrir las necesidades vitales de los menores (sentencia de la Audiencia Provincial de Barcelona n.º 449/2018, de 14 de junio, ECLI:ES:APB:2018:6091).

De tal manera que, la obligación de dar alimentos a los hijos menores de edad es una de las obligaciones de gran carácter ético, siendo uno de los contenidos ineludibles de la patria potestad, de manera que, mientras los hijos sean menores de edad **existe una obligación incondicional de prestar alimentos por parte de los progenitores,** es por ello que su tratamiento jurídico nunca podrá verse afectado por las limitaciones propias del régimen legal de alimentos entre parientes.

La pensión de alimentos a los hijos menores de edad es, en definitiva, **una pensión que siempre debe fijarse imperativamente,** puesto que, de lo contrario, permitiría liberar al progenitor de su obligación de prestarlos, por lo que, **ni la situación de paro, ni el aumento de las necesidades del alimentante, ni ninguna otra causa, puede llevar a la autoridad judicial a no fijar los alimentos de los hijos menores de edad,** pues, como ya hemos dicho, es una **obligación imperativa que surge desde el nacimiento de los hijos,** sin que tal obligación pueda quedar vacía de contenido por la alegación de que carece de ingresos, que estos sean mínimos, o que carezca de cualquier bien; en este sentido se pronuncia la **Audiencia Provincial de Barcelona, en su sentencia n.º 658/2019, de 11 de octubre, ECLI:ES:APB:2019:12050.**

A sensu contrario, se pronuncia la **Audiencia Provincial de Cádiz en su sentencia n.º 612/2013, de 16 de diciembre, ECLI:ES:APCA:2013:1672,** confirmada por el **Tribunal Supremo en su sentencia n.º 111/2015, de 2 de marzo, ECLI:ES:TS:2015:568,** con el tenor literal siguiente:

«(...) aunque esta obligación de prestar alimentos a los hijos se constituye en un deber inexcusable, no es el mismo tan absoluto que obligue a su mantenimiento cuando consta acreditado en autos que el progenitor a quien se reclaman carece de ingresos o estos son tan reducidos que no alcanzan a cubrir siquiera sus propias necesidades, que vienen siendo atendidas por sus familiares y /o amigos, **pues en ese caso esa carencia se convierte evidentemente en una causa de fuerza mayor que impide incluso la fijación del denominado mínimo vital,** al convertirse en una prestación imposible. Y, así las cosas, esa situación de carencia de ingresos por parte del progenitor no custodio en este momento es extremo que debe reputarse acreditado con la prueba practicad en la primera instancia, tal y como se infiere del informe de vida laboral que consta al folio 36 de las actuaciones así como de las certificaciones que constan a los folios 8, 54 y 55 de las mismas, de las que se infiere no solamente que el apelante se encuentra en desempleo sino que además no percibe prestación o subsidio alguno, y dicha precaria situación, por supuesto no buscada de propósito, le impide hacer frente a sus propias necesidades, como lo evidencia el hecho de que carezca de domicilio independiente viéndose obligado a vivir sus padres, los cuales, al parecer venían haciéndose cargo de la pensión alimenticia, por todo lo cual **procede la estimación del recurso para suspender temporalmente la pensión alimenticia hasta que el apelante obtenga ingresos de un trabajo remunerado o sea beneficiario de algún tipo de pensión**, subsidio o cualesquiera otras prestaciones, momento en el que volverá a reanudarse la pensión alimenticia establecida».

En conclusión, lo normal, en estos casos, será fijar siempre un mínimo que contribuya a cubrir los gastos repercutibles más imprescindibles para la atención y cuidado del menor, y **admitir solo con carácter muy excepcional, con criterio restrictivo y temporal, la suspensión de la obligación**, pues ante la más mínima presión de ingresos, cualquiera que sea su origen y circunstancias, se habría de acudir a la solución de establecer un mínimo vital, aún a costa del gran sacrificio del progenitor alimentante (**sentencia del Tribunal Supremo n.º 55/2015, de 12 de febrero, ECLI:ES:TS:2015:439 y STS n.º 1663/2024, de 11 de diciembre, ECLI:ES:TS:2024:6244**).

Así, respecto de la **excepcional suspensión de la obligación de prestar alimentos**, la sentencia del Tribunal Supremo n.º 632/2022, de 29 de septiembre, ECLI:ES:TS:2022:3565, señala:

«En el presente caso no se ha acreditado que la recurrente perciba ingresos.

Tampoco existe una mínima presunción de que, pese a no percibirlos, disponga de otros medios o recursos económicos, lo que no se puede inferir con suficiente fundamento, a través de un enlace preciso y directo según las reglas del criterio humano, del hecho de que la recurrente no esté impedida para trabajar ni del hecho de que no se sepa si está dada de alta como demandante de empleo.

Y si no consta que la recurrente perciba en estos momentos ingresos por ningún concepto y tampoco se dispone de datos que permitan presumir que, pese a no contar con ingresos, sí dispone de otros medios o recursos económicos con los que poder hacerse cargo de la pensión, lo que se debe asumir, a la luz de lo probado y lo que no lo ha sido, es que su actual situación, con independencia de la palabra o palabras que se utilicen para calificarla: precariedad, indigencia, pobreza, miseria, etc., o de los adjetivos con que se pueden calificar: total, absoluta, extrema, plena, etc., no le permite hacerse cargo de ella por imposibilidad material, ante la falta de medios.

Lo anterior pone de manifiesto que la situación es excepcional y que el caso es uno de los que justifican, con arreglo a nuestra doctrina, la suspensión temporal del pago de la pensión de alimentos en tanto la actual situación se mantenga».

Cálculo de la cuantía de la pensión de alimentos

En lo relativo a la cuantía, el ya citado **artículo 146 del Código Civil** estipula que **la cuantía de los alimentos será proporcionada** al caudal o medio de quien los da y a las necesidades de quien los recibe.

Asimismo, se reducirán o aumentarán proporcionalmente según el aumento o disminución que sufran las necesidades del alimentista y la fortuna del que hubiere de satisfacerlos, de acuerdo con el **artículo 147 del Código Civil.**

Pero ¿qué factores influyen para el cálculo de la cuantía del importe de la pensión de alimentos en caso de nulidad, separación o divorcio cuando hay hijos con derecho a ella? Las circunstancias que pueden tener en cuenta a la hora de fijar el importe de la pensión de alimentos a los hijos podrán ser, entre otras, las siguientes:

- Ingresos obtenidos por su trabajo, subidas salariales, ascensos, disminución salarial, u otros ingresos distintos a los laborales, ya sean rentas de bienes inmuebles, herencias, etc.

- Pago de guardería, colegios, universidad, gastos arrendamiento de vivienda familiar, hijo con discapacidad, etc.

- Pago de hipoteca de la vivienda familiar, u otro tipo de préstamos que fueran de la pareja, por parte de alguno de los cónyuges. Lo normal es que las deudas del matrimonio se sigan pagando por mitad, en este caso no suele afectar al cómputo final del importe de la pensión.

Por lo que, para fijar la cuantía de la pensión de alimentos, debemos atender al caso concreto y habrá que **hacer un análisis laboral y económico de la situación de los progenitores.**

CUESTIÓN

Durante el período de vacaciones que el hijo/a pase con el progenitor no custodio, ¿este tendrá que seguir abonando la pensión de alimentos o, por el contrario, se suspende la obligación de alimentos durante el tiempo de vacaciones?

No, no se suspende. Durante el tiempo que el hijo/a esté de vacaciones con el progenitor no custodio debe pagarse igualmente la pensión de alimentos, ya que la misma deberá pagarse los doce meses del año, pues lo habitual es que las pensiones de alimentos se establezcan de forma anual y se prorratee durante los doce meses, sin perjuicio de que entre los progenitores se acuerde otra cosa en el convenio regulador.

Actualización de la pensión de alimentos

La pensión de alimentos, en la mayoría de los casos, **se actualizará anualmente conforme al Índice de Precios al Consumo (IPC).** Sin embargo, pueden utilizarse diversas bases de actualización como, por ejemplo, las actualizaciones recogidas en el convenio colectivo del progenitor no custodio.

Asimismo, y como haremos mención en otros puntos, puede existir una modificación de la pensión de alimentos en los casos que se dé un cambio esencial de las circunstancias de los progenitores o de los hijos, o modificación por un acuerdo privado, por ejemplo.

Así, de acuerdo con el **artículo 100 del Código Civil**:

«Fijada la pensión y las bases de su actualización en la sentencia de separación o de divorcio, solo podrá ser modificada por alteraciones en la fortuna de uno u otro cónyuge que así lo aconsejen.

La pensión y las bases de actualización fijadas en el convenio regulador formalizado ante el Letrado de la Administración de Justicia o Notario podrán modificarse mediante nuevo convenio, sujeto a los mismos requisitos exigidos en el Código Civil».

Por su parte, el **artículo 103.3.ª del Código Civil** establece:

«Fijar, la contribución de cada cónyuge a las cargas del matrimonio, incluidas si procede las "litis expensas", establecer **las bases para la actualización de cantidades** y disponer las garantías, depósitos, retenciones u otras medidas cautelares convenientes, a fin de asegurar la efectividad de lo que por estos conceptos un cónyuge haya de abonar al otro».

Por último, el **artículo 90.1.d) del Código Civil** dispone:

«La contribución a las cargas del matrimonio y alimentos, así como sus **bases de actualización** y garantías en su caso».

Cabe advertir que la acción para reclamar la actualización de la pensión de alimentos está sujeta al plazo de **prescripción de cinco años** recogido en el **artículo 1966.1 del Código Civil**:

«Por el transcurso de cinco años prescriben las acciones para exigir el cumplimiento de las obligaciones siguientes:

1.ª La de pagar pensiones alimenticias (...)».

4.
LA MODIFICACIÓN DE LA PENSIÓN DE ALIMENTOS

¿Cómo se modifica la pensión alimenticia de los hijos?

Centrándonos en la modificación de las medidas convenidas por los cónyuges o de las adoptadas judicialmente en caso de separación, nulidad o divorcio, hemos de partir del contenido dispuesto en el apartado 3.º del artículo 90 del Código Civil, de conformidad con el cual:

> «3. Las medidas que el juez adopte en defecto de acuerdo o las convenidas por los cónyuges judicialmente, **podrán ser modificadas judicialmente o por nuevo convenio aprobado por el juez, cuando así lo aconsejen las nuevas necesidades de los hijos o el cambio de las circunstancias de los cónyuges.**
>
> Asimismo, podrá modificarse el convenio o solicitarse modificación de las medidas sobre los animales de compañía si se hubieran alterado gravemente sus circunstancias.
>
> Las medidas que hubieran sido convenidas ante el letrado de la Administración de Justicia o en escritura pública podrán ser modificadas por un nuevo acuerdo, sujeto a los mismos requisitos exigidos en este Código».

A TENER EN CUENTA. El precepto transcrito parece hacer referencia a que las medidas adoptadas mediante decreto por el letrado de la Administración de Justicia o en escritura pública (al no existir hijos menores no emancipados o hijos con discapacidad con medidas de apoyo atribuidas a sus progenitores) solo pueden ser modificadas a través de un nuevo acuerdo alcanzado por las partes, si bien, debe entenderse que estos acuerdos también podrán ser modificados a través de la vía judicial (modificación de medidas supuesto contencioso) si los cónyuges no alcanzan un acuerdo al respecto.

Asimismo, el artículo 91 del Código Civil señala que las medidas establecidas por el juez en las sentencias de nulidad, separación o divorcio, en defecto de acuerdo de los cónyuges o en caso de no aprobación del mismo, pueden ser modificadas cuando se alteren sustancialmente las circunstancias.

Conforme a lo expuesto, debemos entender que la modificación de la pensión alimenticia podrá tener lugar en base a dos circunstancias: de un lado, la modificación de la pensión de alimentos podrá venir dada en virtud de las nuevas necesidades de los hijos, y, de otro, dicha modificación podrá sustentarse en un cambio en las circunstancias de los cónyuges.

Lo antedicho entra en relación con lo dispuesto en el artículo 146 del Código Civil mediante el cual nuestro legislador establece la previsión legal de que la cuantía de los alimentos sea **proporcional al caudal o medios de quien los da y a las necesidades de quien los recibe**. Si bien, no debe olvidarse que la obligación legal de los progenitores de prestar alimentos se basa en un **principio de solidaridad familiar** que tiene un fundamento constitucional en el artículo 39, apdos. 1 y 3, de la Constitución Española. En este sentido, y tratándose de menores, señala la **sentencia del Tribunal Supremo n.º 55/2015, de 12 de febrero, ECLI:ES:TS:2015:439** que «más que una obligación propiamente alimenticia lo que existen son deberes insoslayables inherentes a la filiación, que resultan incondicionales de inicio con independencia de la mayor o menor dificultad que se tenga para darle cumplimiento o del grado de reprochabilidad en su falta de atención». Así, tal y como más adelante veremos, una situación de dificultad económica sobrevenida por parte del obligado a prestar los alimentos no supondrá de forma automática una reducción de la cuantía de alimentos inicialmente establecida sino que habrá de examinarse el caso concreto, debiendo llevarse a cabo el **juicio de proporcionalidad** del artículo 146 anteriormente aludido (**STS n.º 413/2015, de 10 de julio, ECLI:ES:TS:2015:3157**).

Llegados a este punto, y con carácter previo al examen de aquellas circunstancias exigidas legal y jurisprudencialmente a la hora de llevar a efecto una modificación de la pensión alimenticia de los hijos, vamos a hacer mención de aquellas **vías que articula nuestro ordenamiento jurídico para la tramitación de dicha modificación**.

Procesos por la vía del artículo 770 o por la vía del artículo 777 de la LEC

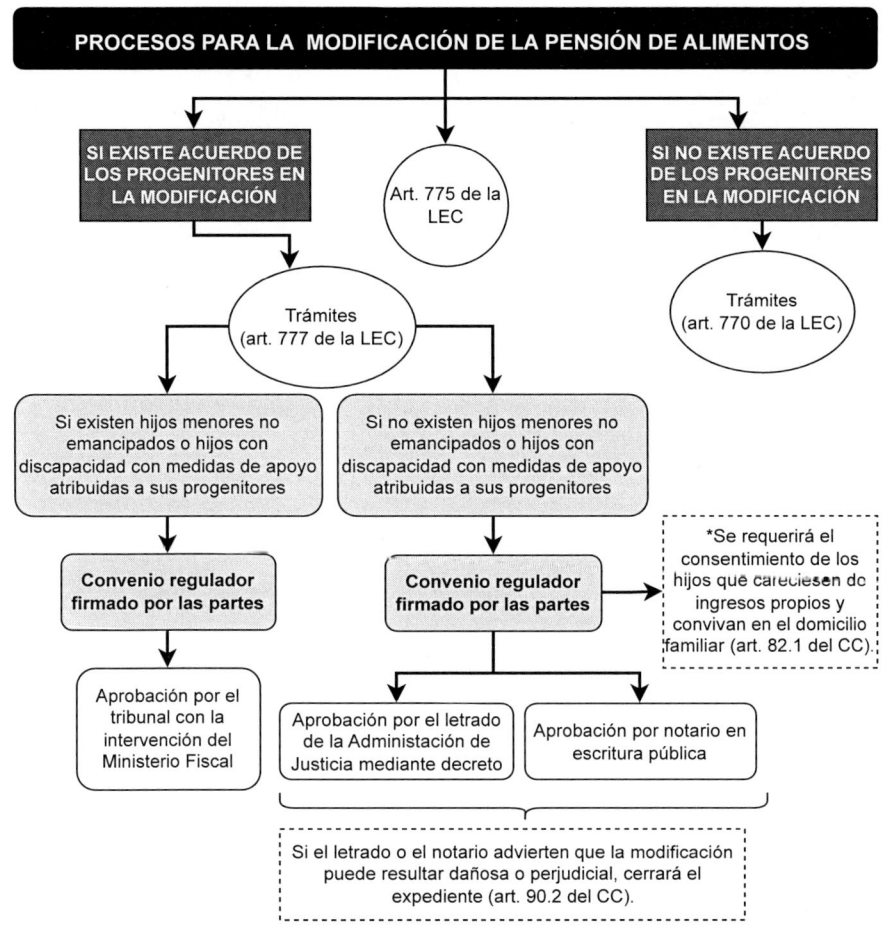

|| a) Procesos por medio de un nuevo convenio regulador

En aquellos supuestos en los que nos encontramos con que la modificación de la pensión alimenticia de los hijos es **iniciada de mutuo acuerdo por ambos progenitores o por uno de ellos con el consentimiento del otro**, habremos de atender a lo dispuesto en el artículo 777 de la Ley de Enjuiciamiento Civil, y ello a tenor de lo establecido al efecto en el artículo 775 de la referida ley, al posibilitar este precepto que los cónyuges puedan solicitar del tribunal que acordó las medidas definitivas, la modificación de las medidas convenidas por los cónyuges o de las adoptadas en defecto de acuerdo.

A TENER EN CUENTA. En estos supuestos, en aquellos casos en los que no existan hijos menores no emancipados o hijos con discapacidad con medidas de apoyo atribuidas a sus progenitores, la modificación de medidas podrá ser tramitada ante el letrado de la Administración de Justicia, quien acordará la modificación de la medida a través de la homologación del nuevo convenio regulador a través del decreto dictado al efecto o, en su caso, en escritura pública otorgada por notario si los cónyuges eligiesen dicha opción. Si bien no debemos olvidar que, en estos casos, los hijos mayores o menores emancipados deberán otorgar el consentimiento respecto de la modificación de pensión alimenticia (tanto ante el letrado de la Administración de Justicia o, en su caso, el notario) —conforme a lo dispuesto en el segundo párrafo del art. 82.1 del CC—.

En estos supuestos, en caso de que el letrado de la de la Administración de Justicia o el notario consideren que, a su juicio, la modificación de la medida pueda resultar dañosa o gravemente perjudicial para uno de los cónyuges o para los hijos mayores o menores emancipados afectados, lo advertirán a los otorgantes y darán por terminado el expediente. En tal caso, los cónyuges solo podrán acudir ante el juez para la aprobación de la propuesta de convenio regulador modificador de la pensión de alimentos (artículo 90.2 *in fine* del Código civil).

b) Petición de modificación por una de las partes. Supuestos contenciosos

Por su parte, la modificación de la pensión alimenticia de los hijos por uno de los progenitores sin el consentimiento del otro dará lugar a un procedimiento contencioso. En estos casos, y de conformidad con lo dispuesto en el artículo 775 de la Ley de Enjuiciamiento Civil, el procedimiento se sustanciará por los trámites del juicio verbal, con las especialidades contenidas en el artículo 770 de la Ley de Enjuiciamiento Civil.

A TENER EN CUENTA. El artículo 770 de la LEC ha sido modificado por el RD 6/2023, de 19 de diciembre, en vigor desde el 20 de marzo de 2024.

¿Ante qué órgano deberá solicitarse la modificación de medidas? La competencia recaerá sobre mismo órgano que acordó las medidas objeto de modificación, dado que, tal y como indica el Tribunal Supremo a través de su auto n.º rec. 42/2016, de 30 de marzo, ECLI:ES:TS:2016:2912A, tras la reforma operada con la entrada en vigor de la Ley 42/2015, de 5 de octubre, de reforma de la Ley de Enjuiciamiento Civil, ya no es aplicable la regla sobre atribución de competencia recogida en el artículo 769.3 de la Ley de Enjuiciamiento Civil que la Sala venía aplicando a las demandas de modificación de medidas definitivas en relación con el régimen de visitas, guarda y custodia y pensión de alimentos al considerar que el proceso de modificación de medidas no era un incidente del pleito principal sino un procedimiento autónomo en cuanto a las reglas de competencia se refería. Resultando indudable, a la vista del tenor literal 775 de la Ley de Enjuiciamiento Civil, el propósito del legislador de atribuir la competencia para conocer de las demandas de modificación de medidas al juzgado que dictó la resolución inicial.

A TENER EN CUENTA. A raíz de la implantación de los MASC (medios adecuados de solución de controversias) y en base a lo dispuesto por el artículo 5 de la LO 1/2025, de 2 de enero, que exige acudir previamente a algún MASC en los procesos especiales del libro IV de la LEC, estando entre ellos los procesos matrimoniales, y no encontrándose exceptuada de manera explícita la modificación de medidas definitivas, puede llegar a entenderse (y así lo están haciendo diversos colectivos, como asociaciones de LAJ y colegios de abogados en unificación de criterios entorno a los MASC), que es necesario acudir a un medido adecuado de solución de controversias cuando se presente la demanda contenciosa de modificación de medidas definitivas.

Con relación a la **legitimación para la interposición** de la modificación de medidas hemos de advertir que tanto la legitimación activa como la pasiva les corresponde a los actuantes en el procedimiento principal en donde se establecieron las medidas, de conformidad con lo dispuesto jurisprudencialmente, a título de ejemplo en las sentencias de la **Audiencia Provincial de Toledo n.º 129/2017, de 19 de mayo, ECLI:ES:APTO:2017:562, y la Audiencia Provincial de Barcelona n.º 165/2016 de 25 de febrero, ECLI:ES:APB:2016:2532.**

> **CUESTIÓN**
>
> **¿Qué criterio siguen nuestros tribunales a la hora de pronunciarse respecto a la condena en costas en los procesos de modificación de la pensión alimenticia de los hijos?**
>
> Los tribunales suelen justificar la ausencia de pronunciamiento en costas en atención a la compleja naturaleza familiar del objeto enjuiciado (artículos 394 y 398 de la LEC). Hay que tener en cuenta al respecto, que el artículo 398 de la LEC ha sido objeto de modificación por el RD 6/2023, de 19 de diciembre, que ha entrado en vigor el 20 de marzo de 2024.

‖ La modificación de la pensión alimenticia por acuerdo privado

Por último, cabe plantearse la posibilidad de que la pensión alimenticia establecida sea modificada a través de un acuerdo privado de las partes.

Tal y como puso de manifiesto la **Sala del Tribunal Supremo en su sentencia n.º 572/2015, de 19 de octubre, ECLI:ES:TS:2015:4175,** el profundo cambio del modelo social y matrimonial que se viene experimentando en la sociedad, demanda un sistema menos encorsetado y con mayor margen de autonomía dentro del derecho familia, compatible con la libertad de pacto entre los cónyuges que proclama el artículo 1323 del Código civil:

> «Los cónyuges podrán transmitirse por cualquier título bienes y derechos y celebrar entre sí toda clase de contratos».

Sin embargo, la interrogante radica en **si serán válidos los acuerdos a través de los que estos pactan medidas relativas a los hijos comunes, como es la contribución a los alimentos que deben prestarles.**

En este sentido, y partiendo de la doctrina jurisprudencial por la que se reconoce y otorga un gran valor a la autonomía de la voluntad de los cónyuges a efectos de regular u ordenar sus relaciones tras la ruptura matrimonial, incluyéndose dentro de estas aquellas relativas a las medidas respecto a los hijos comunes, la sala advierte que para su efectiva validez, **dicho acuerdo debe cumplir dos requisitos fundamentales:**

- Que las estipulaciones adoptadas no sean contrarias al interés del menor.

- Que cumplan con la limitación impuesta en el artículo 1814 del Código Civil. (Imposibilidad de renunciar y disponer del derecho del menor a la pensión de alimentos, que no puede compensarse con una deuda entre los progenitores, ni someterse condicionalmente en beneficio de estos).

En consecuencia, podemos entender, *a sensu contrario*, que **el pacto privado adoptado por las partes, carecerá de validez en un posible proceso de modificación de medidas si, al valorarse por el órgano jurisdiccional, dicho pacto privado no respeta el interés del menor,** pudiendo concluirse que **los pactos privados entre los progenitores en materia** de guarda y de relaciones personales con los hijos, así como los **de alimentos en favor de estos, solo serán eficaces si son conformes a su interés en el momento en que se pretenda su cumplimiento.**

Por su parte, y respecto a su **límite de validez y exigibilidad,** resulta de interés traer a colación la fundamentación jurídica recogida en auto dictado por la Audiencia Provincial de Barcelona (**AAP de Barcelona n.º 46/2017, de 6 de febrero, ECLI:ES:APB:2017:1349A**) en el que la sala desestima el recurso de apelación interpuesto contra la resolución que deniega el despacho de ejecución de título no judicial basado en el acta notarial de protocolo dentro del acuerdo privado de disolución de la convivencia suscrito por las partes, regulando los efectos de la cesación de su convivencia y, en lo que aquí nos interesa, las obligaciones pecuniarias que de dicho acuerdo se imponen en concepto de pensión alimenticia del hijo común menor. Así, reza la sala que:

> «(...) el límite a la validez y exigibilidad de los pactos alcanzados por las partes y no homologados judicialmente viene dado por la naturaleza de la materia de la que tratan pues, si se trata de materias de orden público y/o indisponibles para las partes, no resultan ejecutivos en cuanto opera como presupuesto para su validez y eficacia, y por lo tanto para pedir su efectividad (ejecución) ante los tribunales, que tales acuerdos sean previamente objeto de homologación judicial con intervención del Ministerio Fiscal. Ello es lo que ocurre precisamente en este caso, como hemos indicado al exponer los antecedentes en el fundamento anterior, la reclamación impetrada por la Sra. Andrea por vía ejecutiva se contrae a interesar las sumas que se dicen debidas por el demandado en ejecución del pacto sobre alimentos del hijo menor común recogido en el acuerdo privado protocolizado notarialmente suscrito entre los litigantes. **Los alimentos de los menores son una de las materias indisponibles para las partes, que requieren de la previa homologación judicial en tutela y protección de los intereses de los menores** de conformidad con lo dispuesto en los artículos 233.2 y 3 del Código Civil de Cataluña y art. 90.2 y 93 del Código Civil. **Pretender**

la ejecución de un convenio privado no homologado judicialmente con audiencia del Ministerio fiscal en aspectos indisponibles para las partes constituiría un fraude de ley que los tribunales no pueden amparar (ex. art. 11 de la LOPJ). De todo lo expuesto cabe concluir que no podía darse curso a la demanda ejecutiva en los términos que fue planteada, esto es, no podía ser admitida a trámite ni por el Juzgado de Primera Instancia que dictó el Auto que se recurre pero tampoco por los Juzgados de Familia, pero, no tanto por un problema de competencia, sino por la falta de eficacia del título en el que se pretende obtener el despacho de ejecución. Las consideraciones precedentes nos llevan a desestimar el recurso y confirmar la resolución recurrida en la medida en que la misma supone de facto la denegación de la ejecución impetrada y el archivo de las actuaciones».

A TENER EN CUENTA. En referencia con aquellas sentencias dictadas en los procedimientos de modificación de medidas de pensión de alimentos, es necesario tener en cuenta la STS n.º 162/2014, de 26 de marzo, ECLI:ES:TS:2014:1111, en la que se sienta la doctrina sobre la no retroactividad de las pensiones alimenticias fijadas en las sentencias que no resuelvan por primera vez esta cuestión:

«(...) en relación a las sucesivas resoluciones que pueden cambiar las cantidades debidas como alimentos y si debe o no devolverse lo pagado cuando una sentencia posterior rebaja o aumenta la cantidad debida, hay que acudir de nuevo a las especialidades que presentan los procedimientos de familia. En relación a las medidas provisionales, a las que también se refiere el recurrente, el art. 106 CC establece que "los efectos y medidas previstos en este Capítulo terminan, en todo caso, cuando sean sustituidos por los de la sentencia estimatoria o se ponga fin al procedimiento de otro modo". Además, el art. 774.5 LEC establece que "los recursos que conforme a la ley se interpongan contra la sentencia no suspenderán las medidas que se hubieren acordado en ésta". Por ello, las sucesivas resoluciones serán eficaces desde el momento en que se dictan, en que sustituirán las anteriores, por lo que será sólo la primera resolución que fije la pensión de alimentos la que podrá imponer el pago desde la fecha desde la interposición de la demanda, porque hasta esa fecha no estaba determinada la obligación y las restantes resoluciones serán eficaces desde que se dicta, momento en que sustituyen a las dictadas anteriormente».

4.1. La alteración sustancial de las circunstancias

Requisitos de la alteración sustancial de las circunstancias para la modificación de la pensión de alimentos

La razón de ser del proceso de modificación de medidas es realizar un **juicio comparativo entre dos momentos** —el de las circunstancias concurrentes en el momento en el que se fijan, y las que concurren en el momento en que se pide su modificación—. Es pacífica la interpretación doctrinal y judicial (entre otras muchas, **sentencia de la Audiencia Provincial de Girona n.º 916/2020, de 25 de junio, ECLI:ES:APGI:2020:1034,** o sentencia de la **Audiencia Provincial de Vigo n.º 177/2021, de 7 de mayo, ECLI:ES:APPO:2021:928)** que determina que **la modificación de medidas en derecho de familia exige el inexcusable cumplimiento de una serie de requisitos:**

1. Que haya tenido lugar un **cambio en el conjunto de circunstancias consideradas al tiempo de adoptarse las medidas.** Es decir, que desde que se adoptaron las medidas al momento en el que se solicita la modificación, se haya producido un cambio de circunstancias.

2. Que el cambio de circunstancias sea **sustancial, importante o fundamental.**

3. Que la alteración o variación, **afecte a las circunstancias que fueron tenidas en cuenta** por las partes o el juez en la adopción de las medidas e **influyeron como presupuesto de su determinación.**

4. Que la alteración de las circunstancias evidencie **signos de permanencia** de modo que permita distinguirla de un cambio meramente coyuntural o transitorio de las circunstancias tenidas en cuenta en la adopción de las medidas.

5. Ha de tratarse de **hechos posteriores a los ya enjuiciados,** pues, aunque no les alcanza el valor de cosa juzgada, tiene el límite derivado de **que las causas en que se fundamente la petición modificativa no hayan sido objeto de estudio y análisis en otro pleito anterior,** pues lo contrario produciría una revisión de conductas y hechos ya valorados en su momento y sobre los cuáles no cabe pronunciarse de nuevo.

6. Que la referida modificación o alteración **no haya sido provocada o buscada voluntariamente o de propósito** para obtener una modificación de las medidas ya adoptadas y sustituirlas por otras que resulten más beneficiosas para el solicitante.

Asimismo, cabe advertir que no solo se exigirá el cumplimiento de los meritados requisitos sino que es necesario probarlos; **correspondiendo al actor la carga de la prueba de la variación de las circunstancias concurrentes con anterioridad para que pueda ser acogida su pretensión,** variación que, como hemos visto, debe haberse producido con posterioridad al dictado de la resolución cuyo cambio se propugna, siendo la misma sustancial, esto es, que afecte al núcleo de la medida y no a circunstancias accesorias, y de carácter estable o duradero, no meramente ocasional o transitoria, a la vez que imprevista o imprevisible. **(SAP de Zaragoza n.º 204/2019, de 3 de mayo, ECLI:ES:APZ:2019:1377).**

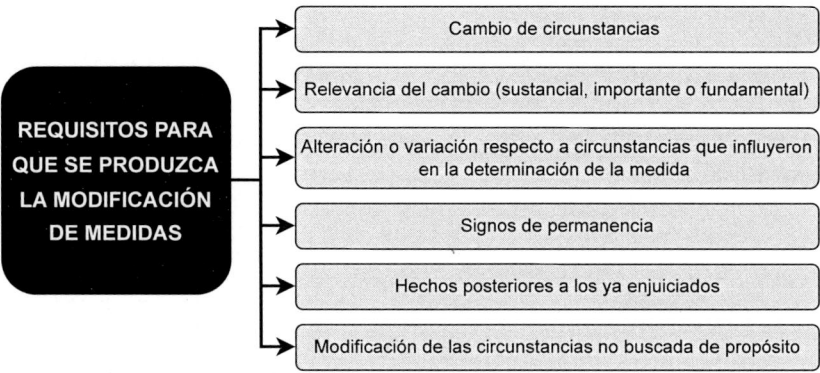

Según se deduce del contenido del artículo 146 del Código Civil, uno de los presupuestos de la obligación alimenticia (junto con la relación de parentesco y la necesidad del alimentista) es la capacidad económica del alimentante. Sin embargo, la **capacidad económica no es una situación estática**, sino que esta puede variar con el paso del tiempo. Dicha variación puede venir dada con ocasión de múltiples circunstancias derivadas de la realidad social en la que nos encontramos.

JURISPRUDENCIA

Sentencia del Tribunal Supremo n.º 407/2025, de 17 de marzo, ECLI:ES:TS:2025:1183

«(...) se denuncia la infracción de los arts. 93, 145 y 146 CC, así como de la doctrina del Tribunal Supremo relativa al juicio de proporcionalidad en la fijación de la pensión de alimentos (STS 636/2016 de 25 de octubre, con cita de las de 28 de marzo de 2014, 21 de octubre de 2015, y 6 octubre 2016), vulneración producida al no atenderse a la relación que debe existir entre las necesidades reales del alimentista y la capacidad económica del alimentante.

A los efectos resolutorios del recurso es necesario partir de una consideración previa, cual es la especial protección de los alimentos de los hijos menores de edad en los procedimientos de familia, a la que nos referimos, entre otras muchas, en las SSTS 860/2023, de 1 de junio; 1210/2023, de 21 de julio, 1365/2023, de 4 de octubre; 4/2024, de 8 de enero; 378/2024, de 14 de marzo; 1150/2024, de 18 de septiembre y 1713/2024, de 19 de diciembre, dado que dicha obligación tiene unas connotaciones particulares, que la distinguen de las restantes deudas alimentarias legales, al posibilitar una mayor flexibilidad en la fijación del importe de la pensión y en la interpretación del principio de proporcionalidad, de manera que los hijos puedan gozar del mejor nivel de vida que los recursos económicos de sus progenitores les puedan brindar, una de cuyas manifestaciones la encontramos en el art. 608 LEC.

(...)

También hemos señalado, como recuerdan las sentencias 30/2019, de 17 de enero; 573/2020, de 4 de noviembre; 92/2024, de 24 de enero; 754/2024, de 28 de mayo y 1341/2024, de 18 de octubre, entre otras, que el juicio de proporcionalidad, en la fijación del quantum de las pensiones alimenticias por el tribunal de instancia, debe ser, en principio, respetado, salvo que resulte arbitrario o ajeno al canon de razonabilidad.

Pues bien, en este caso, los progenitores fijaron de común acuerdo la contribución del padre a los alimentos de la hija, que fue aprobada judicialmente. Tras dejarse sin efecto la custodia compartida, que apenas duró unos pocos meses, se ha vuelto a la situación precedente del procedimiento consensuado de divorcio. No existe prueba alguna de la variación de las necesidades de la hija, ni de la capacidad económica de la madre, y con respecto al padre ninguna otra que no sean sus unilaterales alegaciones, tampoco fundadas en datos concretos y pruebas aportadas, acreditativas de la existencia de nuevos gastos que gravan su disponibilidad económica que, además, deberían ser imprevisibles y no imputables a su voluntaria gestión patrimonial en detrimento de las obligaciones contraídas. Sus datos económicos brillan por su ausencia y el tribunal provincial no hace referencia a ellos en la fundamentación de su sentencia. La madre no pide la rebaja, la acepta condicionada a que se ampliase la estancia de la menor con su padre, lo que no se acuerda.

Por todo ello, se mantiene la pensión de alimentos fijada en el convenio regulador con sus actualizaciones con el IPC».

Disminución de la capacidad económica del progenitor obligado al pago

La principal causa en la que se fundamentan las demandas de modificación de la cuantía de la pensión establecida en las medidas definitivas es en una **disminución en los ingresos del progenitor alimentante**. Esta disminución de ingresos puede venir dada por diversas circunstancias como puede ser la pérdida de empleo, reducción en la remuneración salarial percibida, una situación de incapacidad, el cese en la actividad laboral por pase a situación de jubilación, etc.

Sin embargo, la disminución en los ingresos, aunque sea sustancial, no conllevará una automática modificación de la cuantía alimenticia inicialmente establecida habida cuenta que la capacidad económica del progenitor alimentante **no se valora de forma aislada sino que se tendrá en cuenta la situación patrimonial del alimentante** (ingresos y capital), debiendo llevarse a cabo una valoración de las **circunstancias concretas del caso atendiendo al principio de proporcionalidad,** y debiendo cumplirse, además, los **requisitos que, con carácter general, se exigen a la hora de llevar a cabo un modificación de medidas,** ya mencionados anteriormente.

Así, encontramos que la Audiencia Provincial de Toledo, en atención a las circunstancias concretas del caso objeto de autos, desestima la modificación de medidas sobre la fijación de alimentos promovida por un progenitor con ocasión de la pérdida del ingreso de subsidio que percibía en el momento en el que esta había sido establecida al entender que «la pensión de alimentos estipulada entra dentro de los límites de "mínimo vital" y que el mercado inmobiliario parece que repunta con lo cual **podrá o vender sus propiedades para atender sus obligaciones o encontrar trabajo en la actividad que "le es propia"».** (SAP de Toledo n.º 262/2016, de 20 de septiembre, ECLI:ES:APTO:2016:822).

A sensu contrario, encontramos la estimación de la modificación de medidas instada por un progenitor que había visto disminuidos sus ingresos a consecuencia de encontrarse sometido a un expediente de regulación de empleo (ERE) en la **sentencia de la Audiencia Provincial de Madrid n.º**

498/2020, de 22 de junio, ECLI:ES:APM:2020:12810. A través de esta, la sala avala la decisión del juzgado de instancia al considerar probado, de un lado, que habían descendido los gastos escolares de las menores y, de otro y en lo que aquí nos interesa, que el progenitor había visto reducido sus ingresos en torno a la cantidad de 600 euros como consecuencia del referido expediente —acordando rebajar la pensión alimenticia de la cantidad de 250 euros para cada una de las dos hijas, a la cantidad de 180 euros por cada una de ellas—.

CUESTIONES

1. Habida cuenta que se requiere que la alteración de las circunstancias no devenga motivada por voluntad de quien insta el nuevo procedimiento, ¿puede llegarse a considerar que el hecho de que el alimentante se acoja de manera voluntaria a un ERE, implica que se caiga de manera voluntaria en la situación de desempleo, privándole pues de la posibilidad de solicitar una rebaja de la pensión alimenticia por haber disminuido sus ingresos?

No, en primer lugar, porque, tal y como manifiesta la Audiencia Provincial de Madrid en la meritada sentencia n.º 498/2020, de 22 de junio, ECLI:ES:APM:2020:12810, parece difícilmente asumible que nadie de manera voluntaria se quede sin empleo y disminuya sus ingresos y, en segundo lugar, porque la iniciativa del ERE no le corresponde al trabajador, sino a la propia empresa, de modo que el trabajador se ve en la situación de acogerse voluntariamente al ERE, y con ello intentar garantizarse unos ingresos, o exponerse a un posterior despido en una situación mucho menos ventajosa. En consecuencia, carece de lógica que se argumente que la situación del obligado al pago ha sido provocada intencionadamente por él.

2. ¿El ingreso en prisión del progenitor obligado al pago de la prestación alimenticia justificará una reducción de la pensión de alimentos o, en su caso, la suspensión, durante el tiempo en el que este se encuentre privado de libertad?

No de manera automática. Para que este hecho se produzca es necesario que el progenitor obligado al pago acredite la disminución o, en su caso, falta de ingresos o de recursos para hacerlos efectivos. La sentencia del Tribunal Supremo n.º 564/2014, de 14 de octubre, ECLI:ES:TS:2014:3877 fija como doctrina que:

«(...) la obligación de pagar alimentos a los hijos menores no se extingue por el solo hecho de haber ingresado en prisión el progenitor que debe prestarlos si al tiempo no se acredita la falta de ingresos o de recursos para poder hacerlos efectivos».

Señala el Alto Tribunal que la obligación alimenticia que se presta a los hijos no está a expensas únicamente de los ingresos sino también de los medios o recursos de que se dispone, es decir, como dispone el artículo 93 del CC, de *«las circunstancias económicas y necesidades de los hijos en cada momento»*.

Ello supone que no es necesaria una liquidez dineraria inmediata para detraer de la misma la contribución, sino que es posible la afectación de un patrimonio personal al pago de tales obligaciones para realizarlo y con su producto aplicarlo hasta donde alcance con esta finalidad, siempre con el límite impuesto en el artículo 152. 2.º del CC si la fortuna del obligado a darlos se hubiere reducido hasta el punto de no poder satisfacerlos sin desatender sus propias necesidades y las de su familia. Ningún alimento se puede suspender por el simple hecho de haber ingresado en prisión el progenitor alimentante, gravando al otro progenitor de los menores con la obligación de soportarlos en exclusiva, salvo que se acredite la falta de ingresos o de recursos para poder hacerlos efectivos.

3. ¿La jubilación del obligado al pago de alimentos puede constituirse como fundamento de la modificación de la pensión alimenticia establecida?

Sí, el pase a la situación de jubilación puede erigirse como fundamento de la modificación de la pensión alimenticia si conlleva una disminución sustancial de los ingresos percibidos. En este sentido, resulta de interés la lectura de la **sentencia del Tribunal Supremo n.º 547/2014, de 10 de octubre, ECLI:ES:TS:2014:3937**, a través de la cual la sala estima que la pensión de alimentos se reduzca en un 22 por ciento en atención a la reducción de ingresos del obligado a causa de la jubilación forzosa. Ahora bien, cabe advertir que, en aquellos supuestos en los que en el convenio regulador, en el que se fija la pensión alimenticia, prevea expresamente el mantenimiento de la misma en igual condiciones económicas pese a la posible disminución de ingresos por prejubilación o jubilación, el pase a jubilación no constituirá una situación novedosa que altere sustancialmente las circunstancias tenidas en cuenta para su adopción por lo que no cabrá instar la modificación de medidas en base a tal circunstancia.

La **situación de desempleo duradera en el tiempo** por parte del progenitor alimentante también se erige como causa justificadora de una reducción en la pensión de alimentos. En este sentido, resulta de interés traer a colación la **sentencia dictada por la Audiencia Provincial de Murcia n.º 667/2011, de 29 de diciembre, ECLI:ES:APMU:2011:2925**, en la que la sala desestima el recurso de apelación interpuesto contra sentencia estimatoria del juzgado de primera instancia, en juicio de modificación de medidas definitivas en proceso de familia.

Se oponía la demandada a la rebaja del importe de la pensión de alimentos alegando que no existía una alteración sustancial de las circunstancias tenidas en cuenta, argumentando que **el progenitor alimentante ya se encontraba en paro en el momento en el que se fijó la pensión alimenticia objeto de modificación**. Justifica la sala que, en el caso concreto de autos, lo que se había tenido en cuenta para rebajar la pensión alimenticia era que la situación de paro que en ese momento atravesaba el demandante **no resultaba equiparable a la situación que tenía cuando se fijó la pensión de alimentos** dado que, en un primer momento, el alimentante alternaba periodos de paro (cobro de la prestación de desempleo) con otros de trabajo, por lo que tenía de forma continuada ingresos económicos y que, sin embargo, a la fecha de la solicitud de la modificación de la pensión alimenticia, se evidenciaba una situación de desempleo duradera en el tiempo que hacía razonable concluir que su capacidad económica, en ese momento, resultaba inferior a la que poseía entonces.

Aumento de la capacidad económica del progenitor obligado al pago

Como es obvio, un cambio sustancial en la capacidad económica de los progenitores no solo puede conllevar una reducción de la pensión, sino que también puede ser causa que fundamente un aumento de la misma.

Así, encontramos que la mejora en las condiciones laborales y económicas del progenitor obligado al pago de la prestación se erigen como circunstancias fundamentales a la hora de llevar a cabo una modificación de medidas con el objetivo de incrementar el importe de la pensión alimenticia. Naturalmente, el aumento de la pensión alimenticia debe venir precedida, tal y como pone de manifiesto la reciente **sentencia de la Audiencia Provincial de Santander n.º 265/2021, de 31 de mayo, ECLI:ES:APS:2021:476**, de la presencia de pruebas que permitan hablar de una alteración sustancial o esencial y sobrevenida de las circunstancias que se tuvieron en cuenta a la hora de fijar la cuantía que ahora se pretende aumentar. A partir de tal consideración y con fundamento en una comparación, podrá justificarse la alteración que permitiría reajustar o equilibrar la obligación alimenticia.

CUESTIÓN

¿Y qué ocurrirá en aquellos casos en los que sea el cónyuge que tiene la custodia quién mejore su fortuna? ¿Permite esta circunstancia instar una modificación de medidas para pedir la reducción de la pensión de alimentos en base a esta causa?

Sí, y ello a tenor de los dispuesto en el artículo 145 del Código Civil, dado que, de acuerdo con este precepto, cuando la obligación de prestar alimentos recaiga sobre dos o más personas, se repartirá entre ellas el pago de la pensión en cantidad proporcional a su caudal respectivo. Así, a modo de ejemplo, cabe citar la STS n.º 161/2017, de 8 de marzo, ECLI:ES:TS:2017:850, en la que la sala analizando un supuesto de estas características, estima el recurso interpuesto por el progenitor solicitante de la modificación de medidas al entender que no se llevó a cabo en el concreto caso de autos el debido juicio de proporcionalidad previsto en el artículo 145 del Código Civil y, dándose por *probado que la madre percibe un sueldo neto de 2.500 euros mensuales y el padre únicamente el de 1.040 euros mensuales*, estima adecuado llevar a cabo una reducción en la pensión de alimentos inicialmente establecida.

|| Cambio en la distribución de la capacidad económica

Otra de las causas por las que puede llevarse a cabo una modificación de medidas en la cuantía fijada como pensión de alimentos puede darse como consecuencia del **nacimiento de un nuevo hijo**, dado que esta circunstancia **supone una redistribución económica de los recursos del progenitor obligado al pago de la prestación de alimentos.**

Esta causa ha sido tratada de forma distinta por los diferentes juzgados y tribunales. Sin embargo, en la actualidad sabemos que, en estos supuestos, el tribunal deberá valorar si el nacimiento del nuevo hijo implica una alteración sustancial a los efectos de modificar las medidas que se encuentran vigentes, ya que el deber de alimentos del progenitor también es aplicable para con la nueva prole, con lo que tienen tanto derecho estos como los descendientes habidos antes. No puede darse un trato discriminatorio, favoreciendo a unos en perjuicio de los nacidos con anterioridad.

El Tribunal Supremo **fija doctrina** en su **STS n.º 250/2013, de 30 de abril, ECLI:ES:TS:2013:2081**, mediante la que **reconoce el derecho a una reducción de la pensión de alimentos por el hecho de haber tenido un nuevo hijo con otro cónyuge,** ya que entiende el Alto Tribunal que el nacimiento de nuevos hijos puede suponer una redistribución económica de los recursos y que, en todo caso, debe primar la igualdad constitucional de los hijos a percibir alimentos de sus progenitores, dejando claro que el nacimiento de nuevos hijos, fruto de una relación posterior, **a pesar de ser una decisión voluntaria del deudor de una prestación, no supone que no pueda modificarse en beneficio de todos.** En este sentido se pronuncia la sala expresando:

> «(...) el nacimiento de un nuevo hijo no basta para reducir la pensión alimenticia del hijo o hijos habidos de una relación anterior, ya fijada previamente, sino que es preciso **conocer si la capacidad patrimonial o medios económicos del alimentante es ciertamente insuficiente para hacer frente a esta obligación ya impuesta y a la que resulta de las necesidades de los hijos nacidos con posterioridad,** sin merma de la atención de las suyas propias, y valorar si es o no procedente redistribuir la capacidad económica del obligado, sin comprometer la situación de ninguno de los menores, en cuyo interés se actúa, y ello exige ponderar no solo las posibilidades económicas del alimentante sino las del otro progenitor que tiene también la obligación de contribuir proporcionalmente a la atención de los alimentos de los descendientes, según sean sus recursos económicos, prueba que no se ha hecho. Y es que el cambio de medida se argumenta en la demanda exclusivamente sobre la base del nacimiento de estos dos nuevos hijos, sin que la misma contenga referencia alguna a si esta nueva situación supone una merma de su capacidad económica, que puede incluso haber mejorado en razón al patrimonio de su pareja y madre de los hijos, obligada también a su sostenimiento, cuyos recursos se ignoran, siendo así que, conforme a lo dispuesto en el artículo 145 del Código Civil, "cuando recaiga sobre dos o más personas la obligación de dar alimentos, se repartirá entre ellas el pago de la pensión en cantidad proporcional a su caudal respectivo"».

Conforme lo expuesto, y habida cuenta de la doctrina jurisprudencial fijada en la anterior sentencia, podemos concluir que **el nacimiento de nuevos hijos fruto de una relación posterior, no supone, por sí solo, causa suficiente para dar lugar a la modificación** de las pensiones alimenticias establecidas a favor de los hijos de una anterior relación, **sino que es preciso conocer si la capacidad patrimonial o medios económicos del alimentante es insuficiente para hacer frente a esta obligación ya impuesta y a la que resulta de las necesidades de los hijos nacidos con posterioridad.**

En este sentido, también cabe hacer mención de la interesante **sentencia del Tribunal Supremo n.º 61/2017, de 1 de febrero, ECLI:ES:TS:2017:320.** A través de esta, la sala, reiterando la doctrina fijada en la meritada **sentencia n.º 250/2013, de 30 de abril, ECLI:ES:TS:2013:2081,** (y reproducida por otras como la de 21 de septiembre y 21 de noviembre de 2016), estima el recurso interpuesto contra la sentencia por la que se desestimaba la modificación de medidas paterno-filiales mediante la que se solicitaba la reducción de la cuantía de la pensión de alimentos que el demandante debía de satisfacer, alegando que había tenido un nuevo hijo nacido de otro matrimonio, y que se encontraba, en la fecha de interposición de la demanda, a la espera del nacimiento de otro.

La sentencia recurrida desestimaba la demanda interpuesta basándose para ello en su propia doctrina: «el hecho de nuevos hijos es un hecho libre en ejercicio de la libertad pero en modo alguno podrá condicionar ni limitar los derechos de los anteriores». La sala de nuestro Alto Tribunal reprocha el desconocimiento de la jurisprudencia reiterada por ella en la interpretación y aplicación del artículo 91 del Código Civil, poniendo de relieve que tal decisión supone un tratamiento desigual a situaciones iguales.

De esta manera, y habida cuenta del interés casacional del recurso formulado por oposición a la jurisprudencia de la sala, y reiterando los magistrados que todos los hijos son iguales ante la ley y todos tienen el mismo derecho a percibir alimentos de sus progenitores, conforme al artículo 39 de la Constitución Española, sin que exista un crédito preferente a favor de los nacidos en la primitiva unión respecto de los habidos de otra posterior fruto de una nueva relación de matrimonio o de una unión de hecho del alimentante, llevando a cabo un análisis de los hechos probados para la resolución del conflicto «por un lado, el nacimiento de dos nuevos hijos y, por otro, que el alimentante disfruta de la misma situación laboral y económica antes y después de su nacimiento y que su actual esposa, extremo no cuestionado, desarrolla un trabajo de venta minorista de artículos de papelería cuya actividad arrojó pérdidas, como justifica mediante la relación de pérdidas y ganancias y declaración de la renta percibida, contribuyendo a la economía familiar con pequeñas cantidades de dinero procedentes de esta actividad económica», determina la disminución de la pensión de alimentos establecida y que ascendía a 300 euros, reduciéndola a la cuantía de 180 euros.

A sensu contrario, encontramos la **sentencia del Tribunal Supremo n.º 564/2017, de 17 de octubre, ECLI:ES:TS:2017:3718**, a través de la que pone de relieve que, en el caso concreto de autos:

> «El nacimiento de otros dos hijos de una nueva relación no consta que impida al demandante hacer frente al pago de la pensión alimenticia, pues ello depende de su capacidad económica que no consta que quede afectada por el nacimiento de los nuevos hijos (art. 93 C. Civil), dado que con el importe del salario que se deduce de las nóminas y de la declaración de IRPF, **goza de una desahogada situación económica**».

|| Falta de relación con los progenitores

En este caso no se trata de una modificación de la pensión de alimentos, sino su eliminación. Así, **el Tribunal Supremo en su sentencia n.º 104/2019, de 19 de febrero, ECLI:ES:TS:2019:502**, entiende que la institución jurídica de los alimentos encuentra su fundamento en los vínculos parentales, por lo que si ese vínculo es inexistente no tendría objeto la pensión de alimentos:

> «(...) cuando la solidaridad intergeneracional ha desaparecido por haber incurrido el legitimario en alguna de las conductas reprobables previstas en la ley es lícita su privación. No resultaría equitativo que quien renuncia a las relaciones familiares y al respaldo y ayuda de todo tipo que éstas comportan, pueda verse beneficiado después por una institución jurídica que encuentra su fundamento, precisamente, en los vínculos parentales».

También la **Audiencia Provincial de Tenerife en su sentencia n.º 126/2022, de 17 de marzo, ECLI:ES:APTF:2022:297**, falla a favor de la extinción de la pensión de alimentos sufragada por un padre a sus dos hijas por falta de relación de estas con el progenitor, tomando como ejemplo las causas de desheredación conforme a la realidad social para llegar a esa conclusión.

En el caso de autos, casi desde el momento del divorcio comienza un alejamiento entre el padre y sus hijas que empeora en el año 2016 porque las hijas no aceptan la nueva pareja de su padre. **El padre durante ese tiempo sí ha intentado mantener el contacto por medios telefónicos y de mensajería, pero ellas se han negado a tener relación alguna.** Señala el tribunal que no se entiende que esa situación perdure tantos años, sin que aparezca acreditada causa justificada para que el rechazo hacia esa nueva pareja se extienda a su padre.

En su momento el padre solicitó modificación de las medidas que se habían establecido en la sentencia de divorcio. Recuerda el tribunal que para aceptar dicha modificación es necesario una alteración sustancial de los factores que condicionaron las medidas complementarias que se intentan mutar. En este caso ese cambio sustancial se justifica en el hecho de que las hijas han alcanzado la mayoría de edad.

La cuestión que se plantea en la sentencia es si, a efectos de cese de la obligación alimenticia, se podría acudir a una interpretación flexible de las causas de desheredación conforme a la realidad social:

> «El CC Cat. (arts. 237-13) prevé como el Código Civil que la obligación de prestar alimentos se extingue por el hecho de que el alimentado incurra en alguna causa de desheredación.
>
> Lo que sucede es que, como hemos expuesto anteriormente, entre las causas de desheredación contempla (arts. 451-17 e) "La ausencia manifiesta y continuada de relación familiar entre el causante y el legitimario, si es por una causa exclusivamente imputable al legitimario".
>
> Causa ésta que el Código Civil no recoge.
>
> Y recuerda el Tribunal Supremo, con cita de sus sentencias 558/2016, de 21 de septiembre, 184/2001, de 1 de marzo, o 603/2015, de 28 de octubre, **que el derecho de alimentos del hijo mayor de edad se apoya fundamentalmente en lo que la doctrina civilista ha denominado "principio de solidaridad familiar" que, a su vez, debe ponerse en relación con la actitud personal de quien se considera necesitado**, así como que, a tenor de lo dispuesto en el art. 3-1 CC, las normas se interpretarán atendiendo a la realidad social del tiempo en que han de ser aplicadas. Por ello se afirma en la analizada resolución que "No resultaría equitativo que quien renuncia a las relaciones familiares y al respaldo y ayuda de todo tipo que éstas comportan, pueda verse beneficiado después por una institución jurídica que encuentra su fundamento, precisamente, en los vínculos parentales".
>
> Esta argumentación, que se hace al aplicar la normativa del CC Cat., es perfectamente extrapolable al derecho común, en la interpretación flexible de la causa de extinción de pensión alimenticia que propugnamos, porque la solidaridad familiar e intergeneracional es la que late como fundamento de la pensión a favor de los hijos mayores de edad, según la doctrina de la sala ya mencionada».

Concluye, por tanto, que en este caso es justificado la extinción de la pensión de alimentos de las hijas como consecuencia del distanciamiento con su padre.

4.2. El cambio del régimen de custodia o estancias

Posible modificación de la pensión de alimentos por cambio de custodia o estancias

El cambio en el régimen de custodia es otro de los supuestos que pueden llegar a fundamentar una modificación de la pensión de alimentos justificada en dicha alteración.

En este sentido, podemos encontrarnos con que se ha producido una **ampliación o reducción del régimen de estancias a favor del progenitor no custodio,** o encontrarnos ante un **cambio en la titularidad del progenitor que ostenta la custodia monoparental del menor** (pasando el progenitor no custodio a ostentar dicho régimen a su favor) o, también —siendo estos los supuestos más habituales a tenor de la tendencia jurisprudencial sentada a lo largo de los últimos años—, **el paso de un régimen de custodia monoparental a un régimen de custodia compartida;** y ello, porque, tal y como señala, entre otras muchas, la **sentencia del Tribunal Supremo n.º 442/2017, de 13 de julio, ECLI:ES:TS:2017:2840,** se ha producido un notable cambio de la realidad social y, en consecuencia, un cambio jurisprudencial, fundado en estudios psicológicos que aconsejan que la custodia compartida se considere como el sistema más razonable en interés del menor:

> «1.- Se ha de partir de que el régimen de guarda y custodia compartida debe ser el normal y deseable (STS de 16 de febrero de 2015, Rc. 2827/2013), señalando la Sala (SSTS de 29 de abril de 2013, 25 abril 2014, 22 de octubre de 2014) que la redacción del artículo 92 no permite concluir que se trate de una medida excepcional, sino que al contrario habrá de considerarse normal e incluso deseable, porque permite que sea efectivo el derecho que los hijos tienen a relacionarse con ambos progenitores, aún en situaciones de crisis, siempre que ello sea posible y en cuanto lo sea.
>
> (...) Con el sistema de custodia compartida, dicen las sentencias de 25 de noviembre 2013; 9 de septiembre y 17 de noviembre de 2015, entre otras:
>
> a) Se fomenta la integración de los menores con ambos padres, evitando desequilibrios en los tiempos de presencia.
>
> b) Se evita el sentimiento de pérdida.
>
> e) No se cuestiona la idoneidad de los progenitores.
>
> d) Se estimula la cooperación de los padres, en beneficio de los menores, que ya se ha venido desarrollando con eficiencia».

Reducción o ampliación del régimen de visitas y estancias con el progenitor no custodio

El incremento o, en su caso, la disminución del tiempo de estancia con los hijos puede erigirse como fundamento suficiente para que, con ello, también se lleve a cabo una modificación de la pensión de alimentos. Sin embargo, no debe olvidarse que, al igual que ocurría en los supuestos expuestos en el punto anterior, deben cumplirse los requisitos jurisprudencialmente establecidos para que pueda llevarse a cabo la modificación de medidas en el ámbito del derecho de familia, esto es, que se haya producido una variación de las circunstancias, que estas se hayan producido con posterioridad al dictado de la resolución que las propugna, que la variación sea sustancial y de carácter estable o duradero. Además, en cada supuesto concreto habrá de ponderarse el principio de proporcionalidad, por lo que todo dependerá de las circunstancias de cada caso.

Así, encontramos la **sentencia del Tribunal Supremo n.º 564/2017, de 17 de octubre, ECLI:ES:TS:2017:3718,** desestimatoria del recurso de casación interpuesto por el demandante. El concreto caso de autos examina, entre otros supuestos y en lo que aquí nos interesa, la solicitud de supresión de la pensión de alimentos establecida, fundamentada por el actor en el cambio de circunstancias económicas de este y en el hecho de que **la menor reside al 50 por ciento con ambos progenitores.**

Si bien, la sala desestima el motivo del recurso señalando lo ya declarado en su STS n.º 55/2016, de 11 de febrero, ECLI:ES:TS:2016:359, esto es, que **la estancia paritaria de los menores en el domicilio de cada progenitor no exime del pago de alimentos cuando exista desproporción entre los ingresos de ambos cónyuges** (artículo 146 del Código Civil), ya que la cuantía de los alimentos será proporcional a las necesidades del que los recibe, pero también al caudal o medios de quien los da.

En este punto, cabe también hacer mención de la **sentencia de la Audiencia Provincial de Barcelona n.º 906/2015, de 12 de septiembre, ECLI:ES:APB:2016:9262.** En el caso concreto de autos, vemos como, **a pesar de ampliar el régimen de visitas del progenitor no custodio** a los efectos de que la menor coma con su padre de lunes a viernes en periodos lectivos, circunstancia que la sala califica como «forma de contribución del padre a los gastos de la hija», **se mantiene el importe de la pensión de alimentos** en la misma cuantía que antes de la modificación:

> «(...) lo cierto es que la posibilidad de que la menor efectúe la comida del mediodía en el domicilio paterno en lugar de en el centro escolar, no puede resultarle en absoluto perjudicial a la menor. Favorece una relación personal más frecuente y fluida con el padre, asegura una mejor nutrición en tanto que más controlada y personalizada y **supone además una forma de contribución del padre a los gastos de la hija, lo que teniendo en cuenta el importe de la pensión mensual que abona, 175 euros mensuales más actualizaciones fijados en su día, constituirá un complemento sustancial a favor de la propia madre».**

4. LA MODIFICACIÓN DE LA PENSIÓN DE ALIMENTOS

|| Cambio en la titularidad de la guarda y custodia exclusiva

La modificación en el cambio de titularidad de la guarda y custodia exclusiva conllevará la extinción de la pensión a la que el progenitor hasta ese momento no custodio venía haciendo frente, fijándose a cargo del otro progenitor.

CUESTIÓN

En un procedimiento de modificación de medidas en el que cambia la figura del progenitor custodio y, por tanto, el obligado al pago, ¿deberá imponerse, con efectos retroactivos desde la interposición de la demanda, el pago de la pensión de alimentos?

No, en los supuestos en los que existe una pensión alimenticia ya declarada y lo que se discute es la modificación de la cuantía, la sentencia del Tribunal Supremo n.º 162/2014, de 26 de marzo, ECLI:ES:TS:2014:1111, fija como doctrina en interés casacional que «cada resolución desplegará su eficacia desde la fecha en que se dicte y será solo la primera resolución que fije la pensión de alimentos la que podrá imponer el pago desde la fecha de la interposición de la demanda, porque hasta esa fecha no estaba determinada la obligación, y las restantes resoluciones serán eficaces desde que se dicten, momento en que sustituyen a las citadas anteriormente».

Dicha doctrina se asienta en que, de una parte, el artículo 106 del Código Civil establece que *«los efectos y medidas previstas en este capítulo terminan en todo caso cuando sean sustituidos por los de la sentencia o se ponga fin al procedimiento de otro modo»*, y de otra, el artículo 774.5 de la Ley de Enjuiciamiento Civil dispone que *«los recursos que conforme a la Ley se interpongan contra la sentencia no suspenderán la eficacia de las medidas que se hubieran adoptado en ésta»*, razones que llevan a la sala a entender que cada resolución habrá de desplegar su eficacia desde la fecha en que se dicte, siendo solo la primera resolución que fije la pensión de alimentos la que podrá imponer el pago desde la fecha de interposición de demanda (porque hasta esa fecha no estaba determinada la obligación), no así las restantes **resoluciones que modifiquen su cuantía** (sea al alza o a la baja), las cuales **solo serán eficaces desde que se dicten, momento en que sustituyen a las dictadas anteriormente.**

Supuesto distinto de todo lo antedicho suponen aquellos casos en los que los alimentos se instauran por primera vez a cargo de un progenitor (por ejemplo el padre) y en favor de un **hijo que antes de la formulación de la demanda había pasado a convivir con el progenitor no custodio** (padre), dado que, en estos supuestos, la cantidad impuesta en concepto de pensión de alimentos al progenitor que ha perdido la custodia, sí se devengará desde la fecha de presentación de la demanda (STS n.º 696/2017 de 20 de diciembre, ECLI:ES:TS:2017:4592, y STS n.º 183/2018, de 4 de abril, ECLI:ES:TS:2018:1165).

En este punto, también resulta de interés traer a colación la interesante **sentencia del Tribunal Supremo n.º 83/2018, de 14 de febrero, ECLI:ES:TS:2018:409.** En ella, la sala estudia la **modificación de medidas presentada en un supuesto de custodia compartida atípico**; y es que en anterior proceso de divorcio había sido acordado un **régimen peculiar de custodia compartida, por semanas alternativas de cada progenitor, pero sin pernocta con el padre debido a sus horarios laborales.** En relación con la pensión alimenticia, se acordó que cada uno de los progenitores ingresase 450 euros en cuenta común. Con la demanda de modificación de medidas, la actora solicitaba la guarda y custodia en exclusiva y la fijación de una pensión de alimentos a cargo del progenitor no custodio en la cantidad de 900 euros.

Se estima la pretensión de la actora, dictándose sentencia en la que, **tras haberse llegado a un acuerdo entre los progenitores, se otorga la guarda y custodia en exclusiva solicitada.** Por su parte, y en relación con la **pensión alimenticia,** si bien en primera instancia se dicta sentencia reduciendo la pensión de alimentos de 900 euros solicitada por la actora en la cantidad de 150 euros, recurrida en apelación, la audiencia provincial declara que, entendiendo que no ha quedado acreditada de forma bastante la concurrencia de un cambio de circunstancias en cuanto a las necesidades de los menores, y en tanto en cuanto se ha atribuido en exclusiva la custodia a la madre, **fija la cuantía de la pensión de alimentos en la misma cantidad establecida en la primera sentencia** (900 euros que, anteriormente ingresaban por mitad los progenitores y que ahora recaen únicamente en el progenitor no custodio).

Habida cuenta que se hace recaer la totalidad del pago de los gastos de alimentos en el padre, **¿se vulnera el principio de proporcionalidad?** La respuesta de la sala es afirmativa. Entienden los magistrados que **no ha existido en el caso de autos el debido juicio de proporcionalidad** y que, por tanto, no se ha tenido en cuenta que el artículo 145 del Código Civil dispone que, cuando recaiga en dos o más personas la obligación de dar alimentos, se repartirá entre ellas el pago de la pensión en cantidad proporcional a su caudal respectivo. De acuerdo con la sala, no pueden atribuirse el pago de los 900 euros solo al demandado, dado que, «aún cuando se haya variado el sistema de custodia compartida y se haya configurado la custodia a favor de la madre, debe tenerse en cuenta que la custodia compartida era al menos «atípica», dado que en la semana que le correspondía a los menores estar con el padre, ellos cenaban con su progenitor, pero luego dormían en casa de la madre, por lo que la variación de la carga económica se traducía en ocho cenas al mes (como se refería en la sentencia del juzgado) que ahora debía sufragar la madre, si bien de cuatro hijos, es decir, 32 cenas». En base a la justificación expuesta, estima la sala el recurso de casación y **fija, en aras a respetar el principio de proporcionalidad** legal y jurisprudencialmente definido (artículos 93 y 146 del Código Civil) **una pensión de alimentos de 600 euros a cargo del progenitor no custodio.**

Modificación de la pensión de alimentos por el establecimiento de un régimen de custodia compartida

Es importante comenzar advirtiendo que no puede establecerse que el paso de un modelo de custodia exclusiva a uno de custodia compartida se constituya en todos los casos como motivo suficiente para eximir a los progenitores de la obligación de prestar alimentos, satisfaciendo una cantidad en metálico uno de ellos al otro, pues **tal obligación puede permanecer cuando uno de ellos carezca de medios económicos suficientes o sea relevante la desproporción entre los ingresos de uno y otro.** Ello sin que suponga dejar de reconocer que el establecimiento del régimen de custodia compartida, al incrementar las obligaciones del progenitor que venía obligado a prestarlos y disminuir en consecuencia las necesidades a cargo del otro, constituye causa suficiente y justificadora de la modificación de la cuantía de la prestación alimenticia que pudiera haber establecido en la previa sentencia de separación o de divorcio, en la que se otorgó la guarda y custodia a uno solo de ellos.

Así pues, y si bien es cierto que, como regla general, para aquellos supuestos en los que **los progenitores ostentan una capacidad económica «equitativa», cada uno de ellos se hará cargo de los alimentos cuando tenga a los hijos consigo**, si existiera desproporción en la capacidad económica de los progenitores, el cambio de un régimen de custodia exclusiva a uno de custodia compartida no tiene por qué convertirse en elemento que, de forma automática, justifique una extinción o reducción de la pensión de alimentos inicialmente establecida.

Lo anteriormente referido encuentra base legal en, entre otras, la **sentencia del Tribunal Supremo n.º 390/2015, de 26 de junio, ECLI:ES:TS:2015:2736**, mediante la cual, si bien es cierto que se reconoce que, en principio, el régimen de guarda y custodia compartida comporta que cada progenitor, con ingresos propios, atienda directamente los alimentos cuando tenga consigo al menor, establece que en el caso concreto de autos, en el que las diferencias sustanciales en los ingresos y recursos de uno con respecto al otro no hace posible cumplir la regla de atemperar los alimentos a las necesidades de los hijos y recursos de los padres (especialmente en el momento en que estos permanecen bajo la custodia del menos favorecido), determina que el padre deba satisfacer en concepto de alimentos un pensión de 500 euros.

En idéntica línea, se pronuncia la **sala en su STS n.º 55/2016, de 11 de febrero, ECLI:ES:TS:2016:359**, al expresarse en los siguientes términos:

> «Esta sala ha declarado en sentencia 656/2021, de 4 de octubre, que los alimentos están sujetos al principio de proporcionalidad, en base a la capacidad de ambos progenitores y necesidad del alimentado.
> Esta Sala en sentencias 55/2016, de 11 de febrero, y 564/2017, de 17 de octubre, entre otras, ha declarado que la estancia paritaria no exime del pago de alimentos cuando exista desproporción en los ingresos de ambos progenitores (art. 146 del C. Civil)».
> «El recurrente entiende que al adoptarse el sistema de custodia compartida no es necesario el pago de alimentos, pues cada uno se hará cargo de los mismos durante el período que tenga la custodia de los menores. Sin embargo, en la sentencia del Juzgado, que acordaba la custodia compartida, fijaba alimentos para los hijos, dado que la madre no tenía ingresos propios, si bien los limitaba por un plazo de dos años, en los que consideraba que la madre podría encontrar trabajo.
> Esta Sala debe declarar que la custodia compartida no exime del pago de alimentos, cuando exista desproporción entre los ingresos de ambos cónyuges, o como en este caso, cuando la progenitora no percibe salario o rendimiento alguno (art. 146 Código Civil), ya que la cuantía de los alimentos será proporcional a las necesidades del que los recibe, pero también al caudal o medios de quien los da.

El Juzgado yerra y la Audiencia lo corrige cuando aquel limita temporalmente la percepción de alimentos a dos años, pues los menores no pueden quedar al socaire de que la madre pueda o no encontrar trabajo.

Esta limitación temporal, tiene sentido en una pensión compensatoria, como estímulo en la búsqueda de ocupación laboral, pero no tiene cabida en los alimentos a los hijos, al proscribirlo el art. 152 del C. Civil.

Por lo expuesto, esta Sala mantiene el pronunciamiento de la sentencia recurrida, en relación con los alimentos al mantenerlos sin limitación temporal, sin perjuicio de una ulterior modificación, si varían las circunstancias sustancialmente (art. 91 C. Civil)».

El **Alto Tribunal en su sentencia n.º 866/2022, de 9 de diciembre, ECLI:ES:TS:2022:4499, reitera la doctrina ya establecida** por el mismo, según la cual **los alimentos están sujetos al principio de proporcionalidad**, en base a la capacidad de ambos progenitores y necesidad del alimentado (**STS n.º 656/2021, de 4 de octubre, ECLI:ES:TS:2021:3627**).

El caso concreto trae causa de la demanda promovida por el padre de modificación de las medidas adoptadas por mutuo acuerdo en el procedimiento de guarda y custodia, en el cual se había decidido conceder la guarda y custodia a la madre. Ante un cambio en la situación laboral, el padre solicita que se establezca la custodia compartida y la supresión de la pensión de alimentos. Esta solicitud es denegada en primera instancia, pero en apelación se estima el recurso, estableciéndose un régimen de guarda y custodia compartida asumiendo los progenitores los gastos de sus hijos las semanas que estén a su cargo, con gastos extraordinarios al 50 %.

La madre recurre esta resolución señalando que, pese a la adopción de la custodia compartida, procedería haber establecido una pensión de alimentos atendiendo a la desproporción entre los ingresos de ambos progenitores. Por un lado, el padre con trabajo estable y domicilio propio, mientras que la madre se encuentra en situación de desempleo y vive en el domicilio de la abuela de los menores. Esta diferencia, considera la madre, supondría un perjuicio a los menores que pasarían de un mundo de estrecheces con la madre, mientras que el padre podría permitir ciertos lujos.

El Tribunal Supremo estima el motivo y se remite a la jurisprudencia establecida por el mismo considerando que se infringe el art. 142 del CC que determina que **el sistema de guarda y custodia compartida no exime del abono de pensión alimenticia**. En este sentido establece el Alto Tribunal:

«Esta sala ha declarado en sentencia 656/2021, de 4 de octubre, que los alimentos están sujetos al principio de proporcionalidad, en base a la capacidad de ambos progenitores y necesidad del alimentado.

Esta Sala en sentencias 55/2016, de 11 de febrero, y 564/2017, de 17 de octubre, entre otras, ha declarado que la estancia paritaria no exime del pago de alimentos cuando exista desproporción en los ingresos de ambos progenitores (art. 146 del C. Civil)».

4.3. Las variaciones en las necesidades de los hijos

Posible modificación de la pensión alimenticia por variaciones en las necesidades de los hijos

Dispone el artículo 146 del Código Civil que la cuantía de los alimentos será proporcional al caudal o medios de quien los da y a las necesidades de quien los recibe mientras que, por su parte, el artículo 147 del Código Civil prevé que la cuantía de los mismos se reduzca o aumente proporcionalmente según el aumento o disminución que sufran las necesidades del alimentista y la fortuna del que hubiere de satisfacerlos. **Por ello, el cambio en las necesidades de los hijos, siempre que este sea un cambio sustancial, podrá dar lugar a un procedimiento de modificación de medidas al objeto de ponderar dicho cambio con respecto a la cuantía de alimentos inicialmente establecida.**

En este sentido, al igual que ocurría en los supuestos anteriores, es el apartado 3.º del artículo 90 del Código Civil el precepto que permite, cuando se alteren sustancialmente las circunstancias, solicitar que se modifiquen las medidas judicialmente adoptadas o las acordadas por los cónyuges en el convenio regulador; facultándose así que las pretensiones impuestas o convenidas se adecúen, a lo largo de su vigencia, al posible cambio de circunstancias, concurrentes tanto en el obligado al pago como, en el caso que ahora nos ocupa, en la parte receptora.

El cambio en las necesidades de los hijos puede venir dada con ocasión de cualquier alteración sustancial que se haya visto producida en los conceptos alimenticios que recoge el artículo 142 del Código Civil, a saber: sustento, habitación, vestido, asistencia médica, educación e instrucción. Cabe recordar que, al igual que ocurría en los supuestos anteriores, para que el cambio en las necesidades puedan ser tenidas en cuenta a los efectos de llevar a cabo la modificación de medidas, han de revestir de una serie de características, como que sean trascendentes y no de escasa o relativa importancia, que se trate de una modificación permanente o duradera y no aleatoria o coyuntural, que no sea imputable a la propia voluntad de quien solicita la modificación ni preconstituida, y que sea anterior y no haya sido prevista por los cónyuges o el juzgador en el momento en que las medidas fueran establecidas.

|| Aumento en las necesidades de los hijos

El transcurso del tiempo (especialmente cuando las medidas respecto de los hijos son tomadas cuando estos cuentan con muy corta edad) conlleva a que el importe de la pensión de alimentos inicialmente establecida haya dejado de adecuarse a su realidad económica. Nos referimos a circunstancias que tienen lugar no como consecuencia del coste de la vida (para ello la pensión de alimentos debe aumentar conforme el IPC publicado por el INE u organismo que lo sustituya), sino como consecuencia de una **alteración en las necesidades de estos, como puede ser, por ejemplo, el incremento de los gastos de educación.**

Así, por ejemplo, encontramos que la sala de la **Audiencia Provincial de Madrid, sentencia n.º 948/2019, de 11 de noviembre, ECLI:ES:APM:2019:15368,** estima la demanda de modificación de medidas en la que se solicita un aumento de la pensión alimenticia. Basa la sala su decisión en que, a la luz de la prueba practicada, los gastos escolares del alimentista han pasado de ser prácticamente gratuitos (habida cuenta que el centro escolar era público), a 130 euros mensuales más 109 euros de comedor:

> «Tras estudiar toda la documental aportada y las pruebas practicadas en la vista, resulta **prueba suficiente el cambio estipulado** en su día en el convenio regulador, **al haber cambiado de colegio a la menor con el consentimiento de ambos progenitores,** y ello por las necesidades que la menor requiere, **incrementándose los gastos de la misma (...)**».

CUESTIÓN

Conforme a lo antedicho, ¿podemos concluir que cabe ejercitar una modificación de medidas en la que se solicite un aumento de la pensión de alimentos basada en el aumento de los gastos escolares?

Sí, siempre que pueda probarse que las necesidades de los hijos han ocasionado un aumento de los gastos escolares. En este sentido, cabe recordar que la STS n.º 579/2014, de 15 de octubre, ECLI:ES:TS:2014:4438, sentó doctrina estableciendo que los gastos causados al comienzo del curso escolar de cada año son gastos ordinarios en cuanto son gastos necesarios para la educación de los hijos, incluidos, por lo tanto, en el concepto legal de alimentos. La consecuencia es obvia: son gastos que deben ser tenidos en cuenta cuando se fija la pensión alimenticia, esto es, la cantidad que cada mes el cónyuge no custodio debe entregar al cónyuge custodio como contribución al pago de los alimentos de los hijos comunes (y, por consiguiente, podemos concluir que su aumento o disminución pueden justificar una modificación de la cuantía establecida como pensión de alimentos). La anterior doctrina vino a ser aplicada por la STS n.º 557/2016, de 21 de septiembre, ECLI:ES:TS:2016:4097, que declaró que *«los gastos escolares deben entenderse como ordinarios e integrados en el concepto de alimentos, por lo que a la hora de computar éstos los operadores jurídicos deberán tener en cuenta el prorrateo de los gastos de inicio del curso escolar».* (Sentencia del Tribunal Supremo n.º 500/2017, de 13 de septiembre, ECLI:ES:TS:2017:3277).

Cabe hacer especial hincapié en la importancia de la **acreditación del aumento de los gastos,** justificando la solicitud de incremento de la pensión alimenticia sobre la base de que la misma no cubre de forma equitativa entre los progenitores las necesidades del alimentista. De lo contrario, podemos encontrarnos con pronunciamientos como el recogido en la sentencia dictada por la **Audiencia Provincial de Ciudad Real n.º 88/2021, de 25 de marzo, ECLI:ES:APCR:2021:327.** A través de esta, la sala pone de relieve que, **el hecho de que un hijo curse estudios universitarios y lo haga fuera del domicilio familiar, resulta un hecho de gran importancia a los efectos de cuantificar la pensión de alimentos,** si bien termina desestimado el recurso de apelación interpuesto contra la demanda por la que se desestima el aumento de la pensión de alimentos solicitado al no haber quedado acreditado en el concreto caso de autos el incremento de gastos de la hija común con ocasión de que ha iniciado sus estudios universitarios:

«No obstante lo anterior entiende este Tribunal que si bien como hemos dicho podría justificar una posible corrección del importe de la pensión alimenticia respecto de la misma, no procede ya que no se ha aportado prueba alguna sobre el actual lugar de residencia y posibles gastos, bien sea de residencia, y cuya acreditación se hacía preciso para poder evaluar si se ha producido, en el presente caso, una modificación sustancial de las circunstancias tenidas en cuenta al momento de fijar la pensión de alimentos».

CUESTIÓN

¿Qué ocurrirá en los supuestos en los que exista pensión de alimentos a favor de dos o más hijos?

En estos supuestos la modificación de medidas habrá de examinarse en función de las circunstancias concretas de cada uno de ellos, analizándose de forma concreta y separada si se ha producido una modificación en las necesidades de cada uno de ellos. Así, podemos encontrarnos que, tal y como ocurre en el supuesto de autos dilucidado en la **sentencia de la Audiencia Provincial de Mérida n.º 65/2021, de 11 de marzo, ECLI:ES:APBA:2021:382,** la solicitud de modificación de la pensión alimenticia instada es estimada parcialmente, **manteniéndose la pensión del hijo mayor al no haber variado las necesidades de este con respecto al momento en el que fue acordada la medida e incrementándose la pensión alimenticia de la hija menor, al haber iniciado esta sus estudios universitarios.**

Por último, cabe advertir que el aumento de las necesidades de los hijos, como fundamento de una modificación de la pensión de alimentos, debe venir dada como consecuencia de un aumento de los gastos ordinarios, pues, de ser gastos extraordinarios, carecen de permanencia y no cabe incluirlos en la pensión alimenticia. Así, la **sentencia de la Audiencia Provincial de Valencia n.º 212/2019, de 10 de abril, ECLI:ES:APV:2019:1511,** recoge, en este sentido, lo que sigue:

«No aparecen acreditados otros gastos especiales, pues las actividades fuera del colegio al que asisten deben computarse como gastos extraordinarios y no incluidos en la pensión alimenticia, que justifiquen la pretensión deducida de incrementar el importe de la pensión de cada una de ellas en los términos solicitados (...)».

CUESTIÓN

Conforme a lo anteriormente expuesto, ¿podemos concluir la imposibilidad de solicitar un aumento de la pensión de alimentos como consecuencia del aumento del gasto de los hijos con ocasión de actividades extraescolares?

Si bien es cierto que, en principio, las actividades extraescolares tendrán la consideración de gastos extraordinarios, cabe destacar algunos pronunciamientos como, por ejemplo, la **SAP de Pontevedra n.º 355/2017, de 26 de junio, ECLI:ES:APPO:2017:1417,** en la que teniendo por acreditado que la menor, por su capacidad intelectual precisa de un programa de enriquecimiento extracurricular (piano, inglés, futbol, kidcode y pintura), estima procedente incrementar la pensión alimenticia de esta en la suma de 300 euros mensuales al entender que **han aumentado las necesidades de la menor** y que estos programas generan unos desembolsos que han de ser tenidos en cuenta en tanto que, aun cuando se devenguen durante unos diez meses al año, lo cierto es que **son absolutamente previsibles, periódicos y necesarios para la mejor y completa formación del menor.**

|| Disminución en las necesidades de los hijos

Con carácter general, lo más habitual suele ser que las necesidades de los hijos vayan en aumento y no al contrario. Sin embargo, podemos encontrarnos situaciones que justifiquen una reducción de la cuantía de la pensión alimenticia en atención a una **reducción de los gastos generados por los alimentistas,** como puede ser, por ejemplo, el cambio de un colegio privado a uno público. Así, encontramos, entre otras, la **sentencia de la Audiencia Provincial de Sevilla n.º 67/2006, de 24 de febrero, ECLI:ES:APSE:2006:770,** confirmatoria de los pronunciamientos de la sentencia apelada en relación con la reducción de la pensión alimenticia:

> «En el presente caso, ha de estimarse que **concurre esta modificación sustancial de las circunstancias** tenidas en cuenta en la sentencia de separación, habiendo quedado **acreditada la disminución de las necesidades de la menor fundamentalmente por el hecho de haber abandonado la guardería infantil y pasado a un centro público gratuito**».

Si bien, dicho cambio no generará, de manera automática, el derecho a una disminución de la cuantía de la pensión de alimentos, sino que tal circunstancia habrá de ser ponderada junto con el resto de circunstancias existentes en cada caso concreto. Buena prueba de ello se deduce del contenido de la **sentencia dictada por la Audiencia Provincial de Madrid n.º 771/2014, de 16 de septiembre, ECLI:ES:APM:2014:13383,** mediante la que se desestima la reducción de la pensión de alimentos solicitada por el actor que alegaba un cambio sustancial al haber cambiado el menor de un colegio privado a uno concertado en el año anterior y, posteriormente, del concertado a uno público.

Pone de relieve la sala que debe tenerse en cuenta que el cambio a un colegio público fue acordado por los dos progenitores y que, mientras que el gasto medio del anterior colegio suponía unos 240 euros, en el actual (colegio público bilingüe) se abonan, de un lado, gastos de comedor de 130 al mes y, de otro, gastos derivados de actividades complementarias que suponen alrededor de otros 130 mensuales (además de otros gastos de menor entidad). En consecuencia, y teniendo en cuenta la sala que las referidas circunstancias fueron pactadas por las partes, no puede considerarse que exista una alteración sustancial de las circunstancias que dé lugar a una modificación de la pensión de alimentos establecida **al mantenerse prácticamente idénticos los gastos mensuales generados por la menor.** En este sentido, cabe aclarar que los magistrados precisan que, teniendo en cuenta el cambio de gastos mensuales y que la madre da una relación detallada de los gastos incluyendo unos 130 mensuales de actividades complementarias, aclara la sentencia dictada en la instancia en el sentido de señalar que **las actividades extraordinarias por este importe se consideran incluidas en la pensión alimenticia que el padre abona para su hijo, sin que la madre las pueda reclamar por su carácter extraordinario.**

Otros supuestos que pueden fundamentar la solicitud de modificación de la pensión de alimentos los encontramos en aquellos **en los que nos hallamos con una disminución en las necesidades de los hijos como consecuencia de la percepción de recursos propios.**

En este sentido, y si bien es cierto que el apartado 3.º del artículo 152 del Código Civil prevé la cesación de la obligación de dar alimentos cuando el alimentista pueda ejercer un oficio, profesión o industria, o haya adquirido un destino o mejorado de fortuna, de suerte que no le sea necesaria la pensión alimenticia para su subsistencia, cabe advertir que de su contenido no podemos deducir que la obtención de ingresos por parte de los hijos justifique de manera automática la reducción o extinción de la pensión de alimentos legalmente establecida.

Así, la **sentencia del Tribunal Supremo n.º 1007/2008, de 24 de octubre, ECLI:ES:TS:2008:5556,** reitera la «**subsistencia de la obligación de prestar alimentos a hijos menores de manera incondicional aún en el caso de que el hijo tenga sus necesidades cubiertas por sus propios medios**». Si bien, tal y como pone de manifiesto la sala, esta circunstancia no obsta para que cuando el menor tenga ingresos propios y sean estimados, según las circunstancias del caso, «**de entidad suficiente para subvenir completamente sus necesidades de alimentación, vestido, alojamiento y educación, la prestación alimenticia pueda suspenderse en su percepción durante el tiempo en que se mantuvieran dichas circunstancias o, en su caso, aminorarse**».

Idéntico sentido se desprende de la **STS n.º 547/2014, de 10 de octubre, ECLI:ES:TS:2014:3937** en el que la sala analizando un supuesto de modificación de medidas en el que se solicita la extinción de la pensión alimenticia establecida a favor de un hijo mayor de edad con discapacidad, con base a la percepción por parte de este de una pensión no contributiva, determina la **posibilidad de que esta pueda tener proyección a la hora de cuantificar la pensión en relación con las posibilidades del obligado,** pero sin que la concesión de dicha prestación pueda constituirse *per se* como fundamento para una extinción de la pensión por tener el alimentista ingresos propios. Ello es así toda vez que, tal y como ya sabemos, los hijos mayores de edad con discapacidad se equiparan a los menores a efectos de determinación y cuantificación de la pensión alimenticia.

CUESTIÓN

¿Y qué ocurrirá en aquellos supuestos en los que el hijo mayor de edad comience a percibir ingresos?

La percepción de ingresos por parte del hijo mayor de edad tampoco conlleva una automática reducción o, en su caso, extinción de la pensión de alimentos, sino que habrá que examinar, en qué medida dichos ingresos le permiten alcanzar **independencia económica.** Por ejemplo, cuando el trabajo realizado es esporádico y discontinuo, impide gozar de la necesaria independencia económica que determinaría la inviabilidad de la obligación alimenticia. Es importante advertir que, tal y como manifiesta la **sala de la Audiencia Provincial de Cáceres en su sentencia n.º 48/2016, de 29 de enero, ECLI:ES:APCC:2016:68,** la innecesariedad de recibir la pensión de alimentos resulta abiertamente incompatible con la precariedad del empleo, o lo que es lo mismo, con situaciones de trabajos esporádicos y de cuantía objetivamente reducida, que exigen el mantenimiento de la medida.

Ahora bien, descartada la independencia económica derivada de la percepción de ingresos, esta sí podrá tener consideración de cambio sustancial en las circunstancias tenidas en cuenta a la hora de establecer la medida respecto a la pensión alimenticia y, podrá solicitarse la reducción de la pensión tal y como ocurre, por ejemplo, en el caso de autos examinado en la **SAP de Barcelona, rec. 442/2002, de 22 de julio, ECLI:ES:APB:2002:7824,** a través de la que se estima una reducción de la pensión alimenticia habida cuenta el acceso al mercado laboral, a tiempo parcial, del alimentista: *«Esta circunstancia del acceso al mercado laboral, que fue ocultada por la demandada en la contestación a la demanda, debe tenerse en cuenta para reducir la prestación alimenticia de la hija referenciada hasta la suma de quince mil pesetas mensuales, dado tratarse de trabajo a tiempo parcial no determinante de la viabilidad de la llevanza de una vida independiente desde un punto de vista económico (...)».*

5.
EL IMPAGO DE LA PENSIÓN ALIMENTICIA

Consecuencias del impago de la pensión alimenticia a los hijos

La obligación alimenticia se ha de entender como el deber impuesto a una o varias personas, de asegurar la subsistencia de otra o de otras y supone la conjunción de dos partes: **una acreedora que tiene derecho a exigir y a recibir los alimentos, y otra deudora que tiene el deber moral y legal de prestarlas (SAP de Valencia n.º 913/2014, de 2 de diciembre, ECLI:ES:APV:2014:5732)**. En este sentido, cabe advertir que cuando nos encontramos ante el impago de la pensión de alimentos de los hijos, nos encontramos con que nuestro ordenamiento jurídico nos ofrece la posibilidad de ejercitar diferentes acciones tendentes a la salvaguarda de nuestro derecho. De un lado, la reclamación por vía civil, donde podrá llevarse a cabo, a través de un proceso de ejecución, la reclamación del pago de las cantidades adeudadas, sus intereses y las costas del procedimiento. De otro, la vía penal.

CUESTIÓN

El ejercicio de la reclamación de alimentos por vía civil, ¿impedirá ejercitar acciones por vía penal, y viceversa?

No, el ejercicio de la acción civil ante el impago de la pensión alimenticia a los hijos (demanda de ejecución) y la denuncia penal por el impago de la misma **son procedimientos distintos y compatibles entre sí. Ahora bien, la deuda por el impago de las prestaciones debidas es única y quedaría extinguida** tanto si su pago se produce en la ejecución penal como si lo es de la civil o si se produce el pago extrajudicial (sentencia Audiencia Provincial de Sevilla n.º 603/2015, de 16 de diciembre, ECLI:ES:APSE:2015:3193).

5.1. La reclamación en vía civil

¿Cómo se reclamará el impago de la pensión de alimentos por la vía civil?

En aquellos supuestos en los que el obligado al pago de la pensión alimenticia a los hijos no efectúa el pago mensual de la misma, **el otro progenitor podrá,** de conformidad con lo previsto en el artículo 517 de la Ley de Enjuiciamiento Civil, **presentar una demanda de ejecución a los efectos de solicitar que se cumpla la resolución** en la que se impone la medida o que homologa el convenio regulador en el que se estipula la misma.

> **CUESTIÓN**
>
> **¿Qué ocurrirá en aquellos supuestos en los que, habida cuenta la mayoría de edad de los hijos comunes, se haya establecido la pensión de alimentos en escritura pública?**
>
> Esta también podrá ser ejecutada toda vez que el apartado 2 del artículo 517 de la Ley de Enjuiciamiento Civil reconoce, a través de su punto 4.º, el valor de la escritura pública como título ejecutivo, reconociéndose, de manera específica su ejecutoriedad en el apartado 2 del artículo 90 del Código Civil: *«Desde la aprobación del convenio regulador o el otorgamiento de la escritura pública, podrán hacerse efectivos los acuerdos por la vía de apremio».*

A TENER EN CUENTA. El artículo 517 de la LEC, concretamente los puntos 2.º, 4.º, 5.º y 7.º de su apartado segundo, se han visto modificados por la LO 1/2025, de 2 de enero, en vigor a partir del 3 de abril de 2025. Por lo que aquí interesa, el punto 4.º reconoce como título ejecutivo con la nueva redacción «La copia de la escritura pública matriz que el interesado solicite que se expida con tal carácter».

Procedimiento de ejecución de la pensión de alimentos

En el orden civil, el legislador no ha previsto un cauce procesal específico para la problemática de los incumplimientos de las medidas relativas al pago de la pensión de alimentos, sino que, de conformidad con lo dispuesto en el artículo 776 de la Ley de Enjuiciamiento Civil, los pronunciamientos sobre medidas derivadas de procesos de nulidad, separación o divorcio se ejecutarán con arreglo a lo dispuesto en su libro III «relativo a la ejecución forzosa y medidas cautelares» (artículos 517 y siguientes de la LEC). Ahora bien, sí se prevén, en este sentido, ciertas **especialidades** que, en el caso que nos ocupa, versan sobre la posibilidad de que al cónyuge o progenitor que incumpla de manera reiterada las obligaciones de pago de cantidad que le correspondan le sean impuestas, por el letrado de la Administración de Justicia, **multas coercitivas**, con arreglo a lo dispuesto en el artículo 711 de la LEC, sin perjuicio de hacerse efectivas sobre su patrimonio las cantidades debidas y no satisfechas.

Así pues, a la hora de llevar a cabo la reclamación del impago de la pensión alimenticia a los hijos, debemos atender a la **regulación prevista para la ejecución dineraria que se encuentra recogida en el título IV del libro III de la Ley de Enjuiciamiento Civil** (artículos 571 a 698 de la citada ley).

> **A TENER EN CUENTA**. Cabe advertir que, en este tipo de ejecución, la ley posibilita que se establezca una ampliación de la ejecución sin necesidad de retrotraer el procedimiento para aquellos casos en los que, tal y como ocurrirá en los supuestos que nos ocupan, una vez despachada ejecución, **vencieran nuevos plazos de la obligación**. Esta **ampliación** podrá ser directamente **solicitada en el escrito de interposición de la demanda ejecutiva** (artículo 578 de la Ley de Enjuiciamiento Civil).

CUESTIONES

1. ¿A partir de qué momento podremos ejecutar la resolución judicial en la que se establezca la medida relativa a la pensión alimenticia de los hijos?

Para contestar esta cuestión es necesario el análisis de tres preceptos de la LEC:

– El artículo 525 de la Ley de Enjuiciamiento Civil, que deniega la ejecución provisional, de los procesos sobre nulidad de matrimonio, separación y divorcio.

> **A TENER EN CUENTA**. El artículo 525 de la LEC ha sido modificado por la LO 1/2025, de 2 de enero, en vigor a partir del 03/04/2025.

– El artículo 774.5 de la Ley de Enjuiciamiento Civil, en virtud del cual las medidas acordadas en sentencia son eficaces, aun cuando la resolución que establece las medidas definitivas hubiera sido recurrida.

– El artículo 548 de la Ley de Enjuiciamiento Civil, que impide que se despache ejecución de las resoluciones dentro de los veinte días posteriores a aquel en que la resolución de condena sea firme.

En este sentido, resulta de interés traer a colación el auto dictado por la Audiencia Provincial de Girona n.º 39/2012, de fecha 29 de febrero, ECLI:ES:APGI:2012:34A, que otorga una respuesta clara y concisa al respecto:

«(...) La aparente contradicción ha sido resuelta por la jurisprudencia (por todas las sentencias de la Audiencia Provincial de Barcelona 15/12/08) en el sentido de considerar que "La necesaria conciliación de ambos preceptos exige una interpretación sistemática de los mismos. El artículo 774, cuyo apartado quinto, como hemos visto, excluye del efecto suspensivo del recurso a las medidas adoptadas en la sentencia, relaciona en su apartado cuarto las medidas que debe contener la misma que son las que hayan de sustituir a las ya adoptadas con anterioridad en relación con los hijos, la vivienda, las cargas del matrimonio, disolución del régimen económico y las cautelas o garantías respectivas, estableciendo las que procedan si para alguno de estos conceptos no se hubiera adoptado ninguna. Estas medidas, las relativas a los hijos, vivienda, cargas y disolución, son directamente ejecutables desde el momento en que se dicta la sentencia, resultando de aplicación, no las previsiones de los artículos 524 y siguientes de la LEC, sino las de los artículos 538 y siguientes. Las demás medidas, como la relativa a la pensión compensatoria, indemnización por nulidad del matrimonio o compensación por desequilibrio patrimonial regulado en el Código de Familia, se encuadran dentro de los pronunciamientos que regulan las obligaciones y relaciones patrimoniales relacionadas con lo que sea objeto principal del proceso, a que se refiere el artículo 525 de la LEC que es susceptible de ejecución provisional".

La consecuencia de todo ello es que, en este caso, aun cuando la sentencia de divorcio haya sido objeto de recurso, la parte a quien interese puede pedir ante el juzgado de primera instancia que la dictó la ejecución definitiva, que no provisional, de las medidas acordadas en sentencia en cuanto a régimen de visitas y pensión de alimentos, así como que se deje sin efecto la ejecución del auto de medidas provisionales».

Atendiendo a lo anterior, cabe analizar si se aplica a la ejecución de una pensión de alimentos el plazo previsto en el art. 548 de la LEC. La doctrina mayoritaria determina que no es de aplicación: *«En materia de alimentos, en ejecución de una sentencia de divorcio la Audiencia Provincial de Valladolid (Auto 4 septiembre 2.008), estableció que es directamente ejecutable la medida sobre el pago de la alimenticia, resulta inútil conceder al ejecutado el "plazo de espera" del art. 548 LEC, una vez incumplida la obligación en el momento en que debió cumplirse (...)»* (AAP de Barcelona n.º 421/2017, de 28 de septiembre, ECLI:ES:APB:2017:9245A). Sin embargo, los tribunales pueden no admitir la ejecución hasta que no transcurran veinte días desde que no se hubiesen dictado: *«El Auto de la Audiencia Provincial de Oviedo (Sección 4ª) de 7 de junio de 2010 mantiene el criterio señalado, incluso en supuesto de Sentencia dictada en el ámbito del derecho de familia, al no afectar el pronunciamiento a ejecutar a situaciones urgentes, o merecedoras de especial protección»* (AAP de Toledo n.º 226/2022, de 21 de septiembre de 2022, ECLI:ES:APTO:2022:201A). Por tanto, hay que tener presente estos dos criterios doctrinales para ejecutar la resolución judicial.

2. ¿Qué órgano resulta competente para el conocimiento de la solicitud de ejecución de la prestación alimenticia?

La competencia recaerá sobre el mismo órgano que dictó la resolución objeto de ejecución (artículo 545.1 de la Ley de Enjuiciamiento Civil, en relación a lo dispuesto en el artículo 776 de la misma).

¿Y quién ostenta legitimación para entablar la acción ejecutoria?

Respecto a la **legitimación activa para el ejercicio de la ejecución forzosa por impago de la pensión alimenticia**, resulta de interés traer a colación el **auto de la Audiencia Provincial de Almería n.º 240/2019, de 21 de mayo, ECLI:ES:APAL:2019:1253A**. A través de este, la sala estudia el recurso interpuesto por el progenitor ejecutado, mediante el que **alega la falta de legitimación activa de la progenitora ejecutante de una sentencia de divorcio por impago de pensión alimenticia**, habida cuenta que, a fecha de la presentación de la demanda ejecutiva, el hijo contaba con 19 años de edad.

En este sentido, señala la sala que, tal y como acertadamente resuelve la resolución de instancia objeto de recurso, **el progenitor conviviente con el hijo mayor de edad se encuentra legitimado para instar el procedimiento de ejecución forzosa por impago de la pensión alimenticia**:

«(...) del art. 93.2 del Código Civil emerge un indudable interés del cónyuge sobre los hijos mayores de edad necesitados de alimentos a que en la sentencia que pone fin al proceso matrimonial, se establezca la contribución del otro progenitor a la satisfacción de esas necesidades alimenticias de los hijos. (...) No puede olvidarse que la posibilidad que establece el art.

93, párrafo 2.º del Código Civil de adoptar en la sentencia que recaiga en estos procedimientos matrimoniales, medidas atinentes a los alimentos de los hijos mayores de edad se fundamenta, no en el indudable derecho de esos hijos a exigirlos de sus padres, sino en la situación de convivencia en que se hallan respecto a uno de los progenitores, convivencia que no puede entenderse como el simple hecho de morar en la misma vivienda, sino que se trata de una convivencia familiar en el más estricto sentido del término con lo que la misma comporta entre las personas que la integran.

De todo lo expuesto se concluye que **en los procesos matrimoniales, sólo el cónyuge con el cual conviven hijos mayores de edad**, en el sentido anteriormente expresado en orden a la convivencia, que se encuentran en la situación de necesidad a que se refiere el art. 93, párrafo 2.º del Código Civil, **se halla legitimado para demandar del otro progenitor la contribución de éste a los alimentos y/o gastos extraordinarios de aquellos hijos, por tanto también para solicitar su ejecución**, lo que no sucede en aquellos otros procesos como el de alimentos entre parientes, en los que solo están legitimados los hijos mayores de edad para solicitar alimentos a sus progenitores (...); por tanto, **sólo quien fue demandante o demandado en aquel procedimiento, está legitimado para defender el derecho de los hijos en ejecución.** Conforme a la jurisprudencia contenida en las sentencias del Tribunal Supremo de 24 de abril y 30 de diciembre de 2.000, las partes necesarias en un proceso de familia son los cónyuges, y los progenitores tienen por ende legitimación para reclamar los alimentos del artículo 93.2 del Código Civil, como igualmente tienen legitimación para instar el cumplimiento forzoso de esos alimentos y/o gastos extraordinarios (resoluciones de AP Madrid 20-7-2012, Asturias 9/7/2007, Tarragona 4-10-2012 entre otras)».

Conforme a lo anteriormente expuesto, podríamos concluir que **el hijo mayor de edad no se encuentra legitimado para reclamar el pago de la pensión de alimentos establecida en resolución derivada de un proceso matrimonial.** Esta es también la conclusión a la que llegan los magistrados de la Audiencia Provincial de Barcelona **(SAP de Barcelona n.º 448/2015, de 16 de junio, ECLI:ES:APB:2015:6354):**

«**No reclama el actor como titular de un derecho de alimentos entre parientes, sino como supuesto beneficiado de una pensión concedida a su madre para alimentarlo.** De hecho y a pesar del cauce elegido (juicio verbal de alimentos entre parientes) **está instando la ejecución parcial de una sentencia matrimonial. No es él el beneficiario de un derecho que corresponde sólo a su madre, única legitimada como cónyuge en un proceso matrimonial (arts. 233-4 CCCat y 74, 81, 85 y 104 C.c.)** para reclamar y percibir las pensiones de alimentos a favor de los hijos menores y mayores de edad [STS, Civil sección 1 del 12 de julio de 2014 (ROJ: STS 3438/2014- ECLI:ES:TS:2014:3438), SAP. Civil sección 18 del 04 de marzo de 2011 (ROJ: SAP B2600/2011- ECLI:ES:APB:2011:2600) y SAP. Civil sección 18 del 02 de junio de 2010 (ROJ: SAP. B 6604/2010- ECLI:ES:APB:2010:6604)]».

Por último, concluye la sala advirtiendo que **los pagos directos al hijo** de una pensión fijada a favor de la progenitora **no permutan la naturaleza jurídica de la obligación,** hasta el punto de que la progenitora puede estar en disposición de reclamar por los impagos.

CUESTIÓN

¿Podrá oponerse a la demanda ejecutiva el progenitor deudor alegando la disminución de ingresos o precariedad económica?

No, las causas de oposición se encuentran expresamente tasadas en la Ley de Enjuiciamiento Civil (artículos 556 y siguientes de la referida ley). Las meritadas causas son circunstancias que facultan al progenitor deudor a instar, una modificación de medidas o, en su caso, la extinción de la misma pero no se constituyen como causas de oposición a la ejecución.

¿Existe un plazo para reclamar la pensión de alimentos?

De acuerdo con lo dispuesto en el artículo 1966 del Código Civil, la acción para exigir el cumplimiento de la prestación de alimentos **prescribe transcurridos cinco años.**

Por su parte, el artículo 518 de la Ley de Enjuiciamiento Civil, referido a la **caducidad de la acción,** prevé la caducidad de la acción ejecutiva en sentencia, en resolución del tribunal o del letrado de la Administración de Justicia si no se interpone dentro de los **cinco años siguientes a la firmeza de la sentencia o resolución.**

Sin embargo, tal y como refiere, entre otras, la **sentencia de la Audiencia Provincial de Córdoba n.º 308/2017, de 27 de junio, ECLI:ES:APCO:2017:589A,** en materia de **derechos futuros,** cuyo nacimiento se produce por el transcurso temporal, como sucede en materia del derecho de alimentos, el plazo de caducidad del título tiene como *dies a quo* **el del nacimiento del derecho,** no el de la fecha del título ejecutivo en que se funden. Esta circunstancia es **predicable tanto respecto al instituto de la prescripción como el de la caducidad,** pues la **prestación de alimentos nace desde el día en que se puede reclamar,** momento a partir del cual comienza el cómputo del plazo de prescripción de la acción para pedir el pago de alimentos, al propio tiempo que comienza a correr el plazo de caducidad del artículo 518 de la Ley de Enjuiciamiento Civil.

En consecuencia, podemos concluir que **solo podrán excluirse de la acción ejecutiva,** en su amparo judicial, las obligaciones incumplidas en periodos que se sitúen más allá del lapso temporal de prescripción previsto en el artículo 1966 del Código Civil. De tal manera que, **si interponemos una demanda de ejecución de alimentos el 1 de septiembre de 2021, solo podremos reclamar los alimentos debidos desde el día 1 de septiembre de 2016,** pues los alimentos debidos como consecuencia del impago de la pensión de alimentos de los meses anteriores están prescritos.

En este sentido, es importante recordar que, tal y como señala el artículo 1973 del Código Civil, la interposición de la denuncia por impago de la pensión de alimentos interrumpe el plazo de prescripción civil.

A TENER EN CUENTA. El Código Civil Catalán recoge un plazo de prescripción trienal (artículo 121-21). Así, si la fecha de interposición de la demanda ejecutiva data del 01/02/2020 y se reclaman alimentos desde enero de 2017 a junio de 2019, la mensualidad relativa al mes de enero de 2017 estaría caducada. Puede consultarse, a modo de ejemplo, la sentencia de la Audiencia Provincial de Barcelona n.º 152/2021, de 22 de abril, ECLI:ES:APB:2021:3481A.

Embargabilidad del salario mínimo interprofesional

De conformidad con lo previsto en apartado 1.º del artículo 607 de la Ley de Enjuiciamiento Civil, es inembargable el salario, sueldo, pensión, retribución o su equivalente, que no exceda de la cuantía señalada por el salario mínimo interprofesional. Sin embargo, la antedicha previsión **no resulta de aplicación cuando se procede a la ejecución de sentencia que condena al pago de alimentos,** señalando en este sentido el artículo 608 de la Ley de Enjuiciamiento Civil que:

> «Lo dispuesto en el artículo anterior no será de aplicación cuando se proceda por **ejecución de sentencia que condene al pago de alimentos, en todos los casos en que la obligación de satisfacerlos nazca directamente de la Ley,** incluyendo los pronunciamientos de las sentencias dictadas en procesos de nulidad, separación o divorcio sobre alimentos debidos al cónyuge o a los hijos o de los decretos o escrituras públicas que formalicen el convenio regulador que los establezcan. **Tampoco** será de aplicación lo dispuesto en el artículo anterior cuando se proceda por ejecución de sentencia, decreto o escritura pública que **establezca el pago de pensión compensatoria siempre que la parte ejecutante así lo solicite y acredite una necesidad económica que lo justifique,** previa ponderación de la situación económica del ejecutante y ejecutado. En estos casos, así como en los de las medidas cautelares correspondientes, **el tribunal fijará la cantidad que puede ser embargada».**

A TENER EN CUENTA. El artículo 608 de la LEC ha sido modificado por la LO 1/2025, de 2 de enero, con efectos desde el 03/04/2025, introduciendo la referencia a la pensión compensatoria.

En consecuencia, aunque el salario del progenitor deudor sea inferior al salario mínimo interprofesional (cuya cuantía para este año 2025 se sitúa en los 1.184 euros), es embargable.

5.2. El delito de impago de pensiones alimenticias: «violencia económica»

Análisis del delito de impago de pensión de alimentos a los hijos y la denominada «violencia económica»

El impago de la prestación legalmente establecida en favor de los hijos se incardina dentro de los delitos de abandono de familia, menores o personas con discapacidad necesitadas de especial protección, recogidos en la sección 3.ª del capítulo III del título XII del libro II del Código Penal, concretamente en el **art. 227 del CP.**

Señala nuestro Alto Tribunal que el **incumplimiento de la obligación de la prestación de alimentos puede configurarse como una especie de violencia económica** dado que, tal y como indica en su **STS n.º 239/2021, de 17 de marzo, ECLI:ES:TS:2021:914:**

> «(...) el incumplimiento de esta obligación **deja a los propios hijos en un estado de necesidad** en el que, ante su corta edad, y carencia de autosuficiencia, necesitan de ese sustento alimenticio del obligado a prestarlo, primero por una obligación moral y natural que tiene el obligado y si ésta no llega lo tendrá que ser por obligación judicial. Y ello, al punto de que, si se produce el incumplimiento del obligado a prestarlos, ello **exige al progenitor que los tiene consigo en custodia a llevar a cabo un exceso en su esfuerzo de cuidado y atención hacia los hijos,** privándose de atender sus propias necesidades para cubrir las obligaciones que no verifica el obligado a hacerlo».

Es a través del artículo 227 del Código Penal, el precepto legal en el que nuestro legislador castiga con la pena de **prisión de tres meses a un año o multa de seis a 24 meses** a todo aquel que deje de pagar durante **dos meses consecutivos o cuatro no consecutivos** cualquier tipo de prestación económica en favor de su cónyuge o sus hijos, establecida en convenio judicialmente aprobado o resolución judicial en los supuestos de separación legal, divorcio, declaración de nulidad del matrimonio, proceso de filiación, o proceso de alimentos a favor de sus hijos.

El bien jurídico protegido es el mismo que en todo el título XII, es decir, **las relaciones familiares.** Dentro de estas, el delito se refiere más concretamente a las obligaciones de prestar asistencia que necesitan a los hijos o cónyuge, fijadas por una resolución judicial.

Si bien, la **sentencia del Tribunal Supremo n.º 346/2020, de 25 de junio, ECLI:ES:TS:2020:2483,** y posteriormente la **STS n.º 41/2024, de 17 de enero, ECLI:ES:TS:2024:242,** señalan que el delito tipificado en el artículo 227 del CP **lo que pretende es proteger a los miembros más débiles de la unidad familiar frente al incumplimiento de los deberes asistenciales por el obligado a prestarlos,** considerando que **el bien jurídico protegido no es el cumplimiento de una resolución judicial, sino el derecho de asistencia económica a que tienen derecho determinados miembros de una unidad familiar.**

De todos modos **el tipo penal no exige una situación de necesidad en el sujeto acreedor, dando cabida tanto a las pensiones de alimentos como a las meramente indemnizatorias,** de ahí que un importante sector doctrinal añada que el bien jurídico protegido no se limita a la seguridad personal de los miembros más débiles económicamente de la familia, aun cuando ello fuera la finalidad primordial de su tipificación penal, sino que incluye también el interés del Estado en el cumplimiento de las resoluciones judiciales y el respeto al principio de autoridad.

¿Qué elementos son necesarios para que se constituya el tipo penal?

La sentencia del Tribunal Supremo n.º 937/2007, de 21 de noviembre, ECLI:ES:TS:2007:7630, expone los elementos necesarios para que se constituya el tipo penal tratado:

- Que una **resolución de naturaleza judicial establezca la obligación de prestación económica**, y que dicha resolución **sea dictada dentro de los procesos** a los que el tipo penal hace referencia (aprobando un convenio o en los de separación, divorcio, nulidad, sobre filiación o sobre alimentos, en este caso circunscrito a los exigidos a favor de hijos).

- La realidad de la **no realización del pago de esa prestación,** en los tiempos y cuantía que el tipo penal refleja.

- La **posibilidad de que dicho pago pueda ser realizado por el obligado** (*in necesitate nemo tenetur*) sin que, sin embargo, se requiera una situación de necesidad por parte del que tiene derecho a la prestación ni que se derive para este perjuicio alguno diverso del de la no percepción de la prestación, tratándose de un delito de mera inactividad.

- El **conocimiento de la resolución judicial unido a la voluntad de no realizar el pago,** cuya voluntad se estima ausente en los supuestos de imposibilidad de hacer efectiva la prestación, lo que le aleja del reproche de delito que instaure la prisión por deudas.

Estos elementos deben completarse en un doble sentido, como entiende la sentencia de la **Audiencia Provincial de Madrid n.º 625/2015, de 22 de septiembre, ECLI:ES:APM:2015:13308:**

- En los **casos de cumplimiento parcial del débito económico,** debe rechazarse cualquier formal automatismo que convierta en acción típica todo lo que no sea un íntegro y total cumplimiento de la prestación económica. La antijuridicidad material de la conducta (no solo la antijuridicidad formal de su subsunción típica) exige la sustancial lesión del bien jurídico protegido. De ahí que **ni todo abono parcial de la deuda conduce a la atipicidad de la conducta, ni esta se convierte en delictiva cuando lo insatisfecho es de tan escasa importancia en relación con lo pagado que resulta irrelevante para integrar el delito del artículo 227.1 del Código Penal.** Tal cuestión habrá de determinarse en caso concreto en función de las circunstancias concurrentes, excluyendo interpretaciones que supongan la consagración de la prisión por deudas con olvido de que en definitiva se trata de una modalidad típica del «abandono» de familia.

- En segundo lugar, de la inexistencia del delito en los **casos de imposibilidad de pago** no se sigue que la acusación deba probar, además de la resolución judicial y de la conducta omisiva, la disponibilidad de medios bastantes por el acusado para pagar, pues siendo este dato uno de los factores a valorar en la resolución que establezca la prestación, y siendo susceptible de actualización o alteración por modificación de las circunstancias, el hecho mismo de que se haya establecido judicialmente y se mantenga su importe permite, inicialmente, inferir de manera razonable la posibilidad de pago por el deudor y por lo mismo la voluntariedad de su omisión. Ahora bien, esto no obsta la **posibilidad de que por el acusado se pruebe la concurrencia de circunstancias que hayan hecho imposible el pago**, acreditándose así la ausencia de dolo en el impago de la prestación debida.

Necesidad de denuncia previa y legitimación para su interposición

El artículo 228 del Código Penal establece que el delito de impago de pensiones **solo será perseguible previa denuncia de la persona agraviada o de su representante legal.** Si bien, en aquellos supuestos en los que el **hijo sea menor de edad o persona con discapacidad** necesitada de especial protección o una persona desvalida, también podrá **denunciar el Ministerio Fiscal.**

CUESTIÓN

Cuando se trata de la pensión de un hijo mayor de edad, ¿podrá la madre interponer la denuncia por delito de impago de pensiones?

Sí. A este respecto se ha pronunciado de forma reciente la sala de nuestro Tribunal Supremo en su sentencia n.º 557/2020, de 29 de octubre, ECLI:ES:TS:2020:3554. En ella, el tribunal interpreta el término «persona agraviada» del artículo 228 del Código Penal que como hemos visto, dispone que dichos delitos —semipúblicos— solo se perseguirán previa denuncia de la persona agraviada o de su representante legal, pudiendo denunciar el Ministerio Fiscal cuando aquella sea menor de edad, persona con discapacidad necesitada de especial protección o una persona desvalida.

La sala considera que una interpretación teleológica y amplia de dicha expresión incluye *«tanto a los titulares o beneficiarios de la prestación económica debida, como al progenitor que convive con el hijo o hija mayor de edad y sufraga los gastos no cubiertos por la pensión impagada,* y ello porque los mismos, como ha reconocido de forma reiterada la Sala de lo Civil del Tribunal Supremo, tienen un interés legítimo, jurídicamente digno de protección».* Además, continúa refiriendo la sentencia: *«no existe duda de que el progenitor conviviente con el alimentista es una de las personas que soporta las consecuencias inmediatas de la actividad criminal, llevada a cabo por el otro progenitor que impaga la pensión alimenticia a los hijos, por lo que debe ser considerado agraviado a los efectos de tener legitimación para formular la preceptiva denuncia e instar así su pago en vía penal».*

Responsabilidad civil derivada del delito

La responsabilidad civil derivada del delito está condicionada por los hechos por los que se sustenta y por los elementos esenciales exigibles, por lo que no se van a poder incluir, dentro de la misma, períodos en los que no se haya acreditado que el incumplimiento del acusado es voluntario. Sin embargo, sí pueden constituir una deuda de carácter civil, pero no de responsabilidad civil derivada del delito ya que requiere la omisión voluntaria.

La reforma del artículo 227.3 del Código Penal puso fin a la interpretación que se había venido haciendo del precepto, ya que se consideraba por juzgados y tribunales que dicho delito no llevaba aparejada responsabilidad civil alguna por el pago de las pensiones debidas, por lo que se entendía que estas eran la causa del delito y no una consecuencia. A raíz de la nueva redacción, se acabó la controversia. En consecuencia, el *quantum* de las cantidades adeudadas constituyen una de las partidas de la responsabilidad civil del delito, si bien, esto no va a excluir la posible indemnización por daños y perjuicios producidos por la comisión del delito, que será resarcibles conforme a los artículos 109 y siguientes del Código Penal.

Ahora bien, lógicamente cabe precisar que, para que pueda nacer la responsabilidad civil, es necesario que esta no se haya extinguido.

En lo que al ámbito penal se refiere, el artículo 131 del Código Penal señala un plazo de cinco años para la prescripción del delito de abandono de familia por impago de pensiones, si bien, al encontrarnos ante un delito de naturaleza permanente, la prescripción del delito comenzará a contar desde el día que cese la conducta o se elimine la situación ilícita (artículo 132 del CP). Así pues, si el obligado al pago deja de abonar la pensión de alimentos a los hijos en enero del año 2015, y el otro progenitor interpone denuncia en enero del 2021, si el delito de abandono de familia no tuviera tal naturaleza y fuese un delito permanente, el delito podría considerarse prescrito dado que, desde que se comenten los hechos (enero de 2015) hasta que se interpone la denuncia (enero de 2021), han pasado más de 5 años. Sin embargo, **la naturaleza permanente del delito objeto de estudio hace que su plazo de prescripción empiece a contar desde el día en que se hubiera eliminado la situación ilícita** (circunstancia que obviamente no ha ocurrido).

Ahora bien, **ello no modifica el plazo de prescripción de la acción civil derivada del impago del impago de pensiones y del deber de reparación del daño** dado que, tal y como manifiesta la **sentencia de la Audiencia Provincial de Bilbao n.º 90238/2020, de 1 de diciembre, ECLI:ES:APBI:2020:3143,** el deber de reparación del daño, mediante el pago de la cuantía adeudada a que se refiere el artículo 227.3 del Código Penal, debe ser de cinco años, y ello en atención a las siguientes razones:

> «(...) a) la responsabilidad civil del delito del art. 227 CP no nace realmente de la condena por el delito en sí, sino del incumplimiento de la prestación civil económica debida, por haber sido establecida en una resolución judicial. Es decir, en realidad la prestación civil es previa y preexistente al ilícito penal, pues el delito solo se produce y surge cuando se deja de abonar la prestación económica debida y fijada en una previa

resolución civil. Lo que establece la obligación de reparar el daño no es la comisión del delito, sino que es al revés, lo que establece un ilícito penal es la resolución previa civil, y sólo el dejar de pagar dos meses consecutivos o cuatro alternos (art. 227.1 CP) es lo que determina el nacimiento del delito, pero la obligación civil era previa y nació cuando se incumplió lo resuelto en la sentencia que estableció la debida prestación alimenticia; y b) no tendría sentido ni coherencia interna que la acción para reclamar las pensiones alimenticias debidas fuera imprescriptible (delito permanente), si se sigue causa penal, y si no concurre delito (menos de dos mensualidades o de cuatro alternas) o no se presentase denuncia penal, como permite el art. 228 CP, dicha acción prescribiera en el plazo de cinco años (art. 1966 CC), puesto que el título del que deriva la responsabilidad es exactamente el mismo, esto es la sentencia judicial o convenio homologado judicialmente».

Así pues, siguiendo con el supuesto arriba expuesto, el *quantum* de la responsabilidad civil derivada del delito del impago de pensiones, desde enero de 2015 a enero de 2021, solo alcanzará a las cantidades adeudadas desde enero de 2016.

CUESTIÓN

¿Podremos volver a interponer denuncia contra un alimentante que ya ha sido condenado como autor responsable de un delito de abandono del hogar por impago de alimentos si la conducta de impago persiste tras el dictado de la sentencia?

Sí. Ello es debido a que los incumplimientos producidos con posterioridad a la fecha del periodo de enjuiciamiento delimitado en el escrito de conclusiones definitivas no conforman el objeto procesal del proceso penal. Por ello, los impagos posteriores constituirán nuevas omisiones no enjuiciadas sin que, en ningún caso, los nuevos incumplimientos puedan ser considerados como cosa juzgada, sino al contrario, dado que, en su caso, evidenciarán la renovación del dolo por parte del sujeto activo a los efectos de otro pronunciamiento.

ANEXO I.
CASOS PRÁCTICOS

Caso práctico | Pensión de alimentos a favor del hijo de una pareja de hecho

PLANTEAMIENTO

Una pareja no casada, con un hijo menor de edad, cesan su convivencia. La madre del menor exige al padre una pensión de alimentos para su hijo. ¿Está amparada la madre en su actuación, y, en caso afirmativo, qué límites tiene la reclamación de la pensión de alimentos?

RESPUESTA

Sí, está amparada.

El art. 108 del Código Civil no hace distinción entre hijos matrimoniales o extramatrimoniales:

> «La filiación puede tener lugar por naturaleza y por adopción. La filiación por naturaleza puede ser matrimonial y no matrimonial. Es matrimonial cuando los progenitores están casados entre sí.
> La filiación matrimonial y la no matrimonial, así como la adoptiva, surten los mismos efectos, conforme a las disposiciones de este Código».

Por lo que, en este caso, se puede reclamar la pensión de alimentos de igual forma, pudiendo regularlo mediante convenio con la oportuna aprobación judicial, ya que, en caso contrario, si se incumple no se podrán ejecutar las medidas acordadas. Y si no se llega a un acuerdo, deberá interponer una demanda paterno-filial.

Si después de concedida la pensión de alimentos, el padre no paga, según lo dispuesto en el art. 1966 del CC **solo podrán reclamarse las cantidades debidas los últimos cinco años**, pero no las anteriores impagadas.

En cuanto a la **cuantía** de la pensión, la Ley no establece una cuantía concreta, por lo que el juez fijará la cuantía atendiendo a los ingresos del obligado y a las necesidades del alimentista, haciendo un análisis laboral y económico de la situación de los progenitores. En la práctica hay unas tablas orientativas para fijar la cuantía de alimentos.

Durante el tiempo que el niño pasa de **vacaciones** con el padre, debe pagarse igualmente la pensión, ya que esta debe pagarse los doce meses del año, se establece de forma anual y se prorratea por meses.

Caso práctico | ¿Cómo se clasifica la pensión de alimentos en un procedimiento concursal de persona física?

PLANTEAMIENTO

«A» se encuentra inmerso en un procedimiento concursal de persona física. ¿Cómo afectará esto a la pensión de alimentos establecida a favor de sus dos hijos?

RESPUESTA

Los créditos que surjan a raíz de una pensión de alimentos en un procedimiento concursal de persona física tendrán la consideración de créditos contra la masa.

Eso es así, porque, en primer lugar, el art. 489.1.3.º de la Ley Concursal **excluye la posibilidad de exonerar créditos derivados de deudas por alimentos**:

> «1. La **exoneración del pasivo insatisfecho** se extenderá a la totalidad de las deudas insatisfechas, **salvo** las siguientes:
> (...)
> 3.º **Las deudas por alimentos**».

En segundo lugar, porque el art. 242.1.3.º de la LC **clasifica como créditos contra la masa**:

> «3.º **Los créditos por alimentos** a los que tuviera derecho el **deudor** y los que este último **tuviera deber legal de prestar** conforme a lo dispuesto en esta ley devengados antes o después de la declaración de concurso».

Caso práctico | Devengo de la pensión de alimentos establecida en el proceso de divorcio

PLANTEAMIENTO

¿Cuándo se establece el momento del devengo de la pensión alimenticia en un proceso de divorcio, desde la interposición demanda o desde la fecha de la sentencia?

RESPUESTA

Desde la interposición de la demanda. Conforme a la STS n.º 162/2014, de 26 de marzo, ECLI:ES:TS:2014:1111, que recoge la doctrina del Alto Tribunal al respecto:

> «La respuesta en el primer caso se contiene en la sentencia de 14 de junio 2011, reiterada en las de 26 de octubre 2011 y 4 de diciembre 2013, que sienta como doctrina la siguiente: ‹ **Debe aplicarse a la reclamación de alimentos por hijos menores de edad en situaciones de crisis del matrimonio o de la pareja no casada la regla contenida en el art. 148.1CC, de modo que, en caso de reclamación judicial, dichos alimentos deben prestarse por el progenitor deudor desde el momento de la interposición de la demanda**'. Sin duda esta regla podría tener excepciones cuando se acredita que el obligado al pago ha hecho frente a las cargas que comporta el matrimonio, incluidos los alimentos, hasta un determinado momento, con lo que, sin alterar esta doctrina, los efectos habrían de retrotraerse a un tiempo distinto, puesto que de otra forma se estarían pagando dos veces, lo que no es del caso».

Caso práctico | ¿Cabe como causa de oposición a la ejecución de pensiones de alimentos la situación de precariedad económica?

PLANTEAMIENTO

En una ejecución dirigida a reclamar el pago de pensiones de alimentos de una hija menor de edad, el progenitor demandado ha formulado oposición basada únicamente en alegar una situación de precariedad económica que le impediría hacer frente al pago en virtud del artículo 564 de la LEC. ¿Debe estimarse dicha oposición y dejar sin efecto la ejecución o será necesario que acudir al procedimiento de modificación de medidas?

RESPUESTA

Dado que la precariedad económica no es ninguno de los motivos de oposición a la ejecución de títulos judiciales que con carácter tasado contempla la LEC, no procede estimar la oposición, sino que lo procedente sería acudir a una modificación de medidas.

En este sentido podemos citar, por ejemplo, el **auto de la Audiencia Provincial de Castellón n.º 150/2023, de 18 de julio, ECLI:ES:APCS:2023:1602A**, en el que en un supuesto similar recuerda que el **art. 556 de la LEC** establece como motivos de oposición a la ejecución de títulos judiciales:

- El pago o cumplimiento de lo ordenado en la sentencia.
- La caducidad de la acción ejecutiva.
- Los pactos y transacciones que se hubiesen convenido para evitar la ejecución, siempre que dichos pactos y transacciones consten en documento público.

Además el apartado 1 del **art. 559 de la LEC** recoge como motivos de oposición formales los siguientes:

- Carecer el ejecutado del carácter o representación con que se le demanda.
- Falta de capacidad o de representación del ejecutante o no acreditar el carácter o representación con que demanda.
- Nulidad radical del despacho de la ejecución por no contener la sentencia o el laudo arbitral pronunciamientos de condena, o por no cumplir el documento presentado, el laudo o el acuerdo de mediación los requisitos legales exigidos para llevar aparejada ejecución, o por infracción, al despacharse ejecución, de lo dispuesto en el artículo 520.

Si bien el juzgado desestimó la oposición, el progenitor ejecutado recurre la resolución al entender que debería aplicarse el **artículo 564 de la LEC**, que dispone que una vez precluidas las posibilidades de alegación en juicio o con posterioridad a la producción de un título ejecutivo extrajudicial, se produjesen hechos o actos, distintos de los admitidos por la LEC como causas de oposición a la ejecución, pero jurídicamente relevantes respecto de los derechos de la parte ejecutante frente al ejecutado o de los deberes del ejecutado para con el ejecutante, la eficacia jurídica de aquellos hechos o actos podrá hacerse valer en el proceso que corresponda.

Concluye la Audiencia Provincial de Castellón que «Contra lo que sostiene el recurrente, este precepto *no admite la invocación de hechos distintos a las causas legales de oposición a la ejecución como sustento de una oposición, sino que remite a las partes al procedimiento que corresponda para hacerlos valer*. En el caso presente, *la supuesta precariedad económica del ejecutado no le exime del pago de las pensiones vigentes*, ni le permite escudarse en ella para oponerse a la ejecución, sino que, en su caso, podría dar lugar a la interposición de una demanda de *modificación de medidas*, por los cauces del artículo 775 de la LEC, para instar la reducción, suspensión o supresión de su obligación de alimentos (siempre con una eficacia temporal irretroactiva que no afectaría a las pensiones devengadas con anterioridad)».

En el mismo sentido también podemos citar el **auto de la Audiencia Provincial de Murcia n.º 138/2023, de 6 de julio, ECLI:ES:APMU:2023:1772A**, que tras señalar que «La Ley de Enjuiciamiento Civil contiene una enumeración cerrada de las causas de oposición a la ejecución forzosa de las resoluciones judiciales, y ello es consecuencia del derecho fundamental a la tutela judicial efectiva (art. 24.1 de la Constitución Española) que incluye el de la ejecución de las resoluciones judiciales en sus propios términos, reiterado por el art. 18.2 de la Ley Orgánica del Poder Judicial (…)», concluye:

> «Ciertamente que, junto a las específicas causas de oposición previstas en la ley, son de aplicación cláusulas generales, como es el abuso del derecho (art. 7 CC), de tal manera que, en situaciones críticas, que comprometen principios básicos de justicia, pueden desestimarse pretensiones de quienes, en principio, amparados por pronunciamientos formalmente válidos, manifiestamente sobrepasan los límites normales del ejercicio del derecho.
>
> En el presente caso no puede aceptarse que estemos ante un supuesto de abuso de derecho. Lo que pretende el apelante es plantear, en el estrecho margen del ámbito de ejecución de una sentencia, una cuestión que exige un pronunciamiento declarativo, tras la práctica de un procedimiento contradictorio expresamente previsto en el art. 775 LEC para modificar las medidas adoptadas en procedimiento de familia cuando se hayan producido cambios que alteren sustancialmente las circunstancias que se tuvieron en cuenta para su adopción, procedimiento que ya ha instado el ahora ejecutado a raíz de la presente ejecución.
>
> La pretendida modificación de los recursos económicos del alimentante no es manifiesta, como se evidencia en el procedimiento ejecutivo actual en el que se han realizado embargos y el ejecutado ha llegado a hacer pagos de cantidades relevantes, por lo que no puede ser encajada en el caso del abuso de derecho y mucho menos es una causa específica de las que permiten oponerse a la ejecución de un pronunciamiento judicial».

Caso práctico | ¿Puede el TS revisar en casación si un gasto reconocido como ordinario en la pensión de alimentos debería considerarse extraordinario?

PLANTEAMIENTO

En un juicio sobre guarda y custodia y alimentos de un hijo se establece una pensión de alimentos en la que expresamente se declaran incluidas las clases extraescolares. ¿Puede plantearse ante el TS recurso de casación por considerar que ese gasto debe ser considerado como extraordinario?

RESPUESTA

No, el TS en su **auto, rec. 720/2020, de 7 de octubre, ECLI:ES:TS:2020:8484A**, ha reiterado que el recurso de casación no puede considerarse como una tercera instancia, y que no entra a valorar el criterio de proporcionalidad empleado por el tribunal de instancia, no revisando por tanto los gastos que se incluyen en la pensión de alimentos:

> «(…) la cuestión planteada, de revisión del juicio de proporcionalidad de los alimentos debidos a los hijos, entra de lleno en el espacio de los pronunciamientos discrecionales, facultativos o de equidad, que constituye materia reservada al Tribunal de instancia y realizar la resolución impugnada un juicio razonado de proporcionalidad.
>
> (…)
>
> La STS 429/2018, de 9 de julio, con cita de otras, recuerda que 'el recurso de casación no es un recurso ordinario que de paso a una tercera instancia en la que el recurrente pueda someter a este tribunal la decisión del conflicto con plenitud de cognición, sino un recurso extraordinario dirigido a controlar la correcta interpretación y aplicación por la sentencia de apelación de la norma, principio de derecho o jurisprudencia aplicable al caso' y, por ello, 'exige claridad y precisión en la identificación de la infracción normativa (art. 477.1 LEC), lo que se traduce no solo en la necesidad de que su estructura sea muy diferente a la de un mero escrito de alegaciones, sino también en la exigencia de una razonable claridad expositiva que permita la individualización del problema jurídico planteado (art. 481.1 y 3 LEC); la fundamentación suficiente sobre la infracción del ordenamiento jurídico alegada (art. 481.1 LEC).
>
> (…)
>
> No obstante, y en aras la mayor tutela judicial, debemos añadir que esta sala ha declarado en sentencia 165/2014, 28 de marzo de 2014 que: '[…] el juicio de proporcionalidad del artículo 146 CC 'corresponde a los tribunales que resuelven las instancias y no debe entrar en él el Tribunal Supremo a no ser que se haya vulnerado claramente el mismo o no se haya razonado lógicamente con arreglo a la regla del art. 146', de modo que la fijación de la entidad económica de la pensión y la integración de los gastos que se incluyen en la misma, 'entra de lleno en el espacio de los pronunciamientos discrecionales, facultativos o de equidad, que constituye materia reservada al Tribunal de instancia, y por consiguiente, no puede ser objeto del recurso de casación' (SSTS de 21 noviembre de 2005; 26 de octubre 2011; 11 de noviembre 2013, 27 de enero 2014, entre otras)[…]'».

Caso práctico | IRPF, aplicación de las especialidades por alimentos a los hijos y/o mínimo por descendientes tras divorcio

PLANTEAMIENTO

Pedro está divorciado y abona una determinada cantidad como pensión de alimentos en favor de su hijo, que convive con la madre. Pedro no tiene la guarda y custodia del hijo en ninguna medida. El hijo no obtiene rentas de ninguna clase ni presenta declaración del IRPF.

En su declaración de la renta de 2024, ¿Pedro podrá acogerse al mínimo por descendientes del artículo 58 de la LIRPF o le serán de aplicación las especialidades por anualidades de alimentos a los hijos de los artículos 64 y 75 de la LIRPF? ¿Cabe la posibilidad de que se apliquen ambos?

RESPUESTA

No cabe la aplicación simultánea, en el mismo período impositivo, del mínimo por descendientes (artículo 58 de la LIRPF) y del régimen previsto para las anualidades por alimentos en favor de los hijos (artículos 64 y 75 de la LIRPF). En este caso, como Pedro satisface una pensión de alimentos en favor de su hijo, pero no tiene asignada su guarda y custodia (ni siquiera de forma compartida), aplicará el régimen previsto para las anualidades por alimentos y no el mínimo por descendientes.

El apartado 1 del artículo 58 de la LIRPF, que regula el mínimo por descendientes, asimila el requisito de convivencia al de dependencia económica en los siguientes términos:

> «1. El mínimo por descendientes será, por cada uno de ellos menor de veinticinco años o con discapacidad cualquiera que sea su edad, **siempre que conviva con el contribuyente** y no tenga rentas anuales, excluidas las exentas, superiores a 8.000 euros, de:
> 2.400 euros anuales por el primero.
> 2.700 euros anuales por el segundo.
> 4.000 euros anuales por el tercero.
> 4.500 euros anuales por el cuarto y siguientes.
> A estos efectos, se asimilarán a los descendientes aquellas personas vinculadas al contribuyente por razón de tutela y acogimiento, en los términos previstos en la legislación civil aplicable. Asimismo, **se asimilará a la convivencia con el contribuyente**, la dependencia respecto de este último salvo cuando resulte de aplicación lo dispuesto en los artículos 64 y 75 de esta Ley».

Por su parte, los artículos 64 y 75 de la LIRPF establecen las especialidades aplicables en los supuestos de anualidades por alimentos a favor de los hijos. En su redacción aplicable al ejercicio 2024:

Artículo 64 de la LIRPF

«Los contribuyentes que satisfagan anualidades por alimentos a sus hijos por decisión judicial sin derecho a la aplicación por estos últimos del mínimo por descendientes previsto en el artículo 58 de esta Ley, cuando el importe de aquéllas sea inferior a la base liquidable general, aplicarán la escala prevista en el número 1.º del apartado 1 del artículo 63 de esta Ley separadamente al importe de las anualidades por alimentos y al resto de la base liquidable general. La cuantía total resultante se minorará en el importe derivado de aplicar la escala prevista en el número 1.º del apartado 1 del artículo 63 de esta Ley, a la parte de la base liquidable general correspondiente al mínimo personal y familiar incrementado en 1.980 euros anuales, sin que pueda resultar negativa como consecuencia de tal minoración».

Artículo 75 de la LIRPF

«Los contribuyentes que satisfagan anualidades por alimentos a sus hijos por decisión judicial sin derecho a la aplicación por estos últimos del mínimo por descendientes previsto en el artículo 58 de esta Ley, cuando el importe de aquéllas sea inferior a la base liquidable general, aplicarán la escala prevista en el número 1.º del apartado 1 del artículo anterior separadamente al importe de las anualidades por alimentos y al resto de la base liquidable general. La cuantía total resultante se minorará en el importe derivado de aplicar la escala prevista en el número 1.º del apartado 1 del artículo 74 de esta Ley a la parte de la base liquidable general correspondiente al mínimo personal y familiar que resulte de los incrementos o disminuciones a que se refiere el artículo 56.3 de esta Ley, incrementado en 1.980 euros anuales, sin que pueda resultar negativa como consecuencia de tal minoración».

A TENER EN CUENTA. Los artículos 64 y 75 de la LIRPF han sido modificados por la Ley Orgánica 1/2025, de 2 de enero, con entrada en vigor el 3 de abril de 2025, para coordinarlos con los cambios que la misma norma introdujo en el artículo 7.k) de la LIRPF (donde se modificó la redacción para eliminar cualquier duda sobre la aplicación del mismo a las anualidades fijadas en los convenios reguladores formalizados ante el letrado o la letrada de la Administración de Justicia o en escritura pública ante notario, recordando, además, que dicho convenio puede ser el resultado de cualquier medio adecuado de solución de controversias). En el caso de los artículos 64 y 75 de la LIRF, lo que se hizo fue simplemente incorporar una referencia genérica a las anualidades por alimentos a los hijos previstas en la letra k) del artículo 7 de la LIRPF, sin que se alterase en realidad su contenido. En cualquier caso, el texto de ambos preceptos que acaba de reproducirse no recoge dichas modificaciones, puesto que el **supuesto práctico se refiere al ejercicio 2024.**

Según ha señalado el Tribunal Económico-Administrativo Central, tras la entrada en vigor de la Ley 26/2014, de 27 de noviembre, no es posible la aplicación simultánea, en el mismo período impositivo, del mínimo por descendientes del artículo 58 de la LIRPF y del régimen previsto para las anualidades por alimentos en favor de los hijos en los artículos 64 y 75 de la LIRPF. De ese modo, atendiendo al criterio fijado en la resolución del TEAC n.º 10590/2022, de 29 de mayo de 2023, dictada en unificación de criterio:

«- Los progenitores que tengan asignada la guarda y custodia compartida de los hijos tendrán derecho a la aplicación del mínimo por descendientes, que se prorrateará por partes iguales, no siendo posible la aplicación del régimen previsto para las anualidades por alimentos por el progenitor que, en su caso, las satisfaga.

- **El progenitor que satisfaga anualidades por alimentos en favor de los hijos y que no tenga asignada la guarda y custodia de éstos, ni siquiera de forma compartida, aplicará el régimen previsto para las anualidades por alimentos pero no el mínimo por descendientes.**

- El progenitor que sin tener asignada la guarda y custodia de los hijos, ni siquiera de forma compartida, y sin satisfacer anualidades por alimentos en favor de estos por decisión judicial, contribuye, no obstante, al mantenimiento económico de aquéllos, tendrá derecho a la aplicación del mínimo por descendientes con base en el criterio de dependencia al que se refiere el artículo 58 de la LIRPF, mínimo que deberá ser prorrateado por partes iguales con el progenitor que tenga la guarda y custodia».

Por lo tanto, Pedro tendrá que aplicar el régimen establecido para las anualidades por alimentos, no el mínimo por descendientes.

Caso práctico | IRPF. ¿Puede aplicarse el régimen de anualidades por alimentos al pago de la cuota de teléfono del hijo?

PLANTEAMIENTO

Un contribuyente abona en concepto de pensión de alimentos 350 euros mensuales y 30 euros a mayores por los gastos de teléfono del hijo, además del 50 % de los gastos extraordinarios. Todos estos gastos aparecen recogidos en el convenio regulador firmado por ambos progenitores y ratificado posteriormente. ¿Puede aplicar el régimen previsto en la LIRPF para las anualidades de alimentos al pago de la cuota de teléfono del hijo y a los gastos extraordinarios?

RESPUESTA

Sí, el régimen previsto para las anualidades de alimentos será aplicable no sólo a la pensión de alimentos, sino también al pago de la cuota de teléfono y a los gastos extraordinarios, y así se recoge, por ejemplo, en la consulta vinculante de la Dirección General de Tributos (V2036-24), de 23 de septiembre de 2024.

En el ámbito tributario, las anualidades por alimentos fijadas a favor de los hijos no podrán reducir la base imponible general, según lo establecido en el artículo 55 de la LIRPF, al señalar textualmente dicho precepto que: «Las pensiones compensatorias a favor del cónyuge y las anualidades por alimentos, con excepción de las fijadas en favor de los hijos del contribuyente, satisfechas ambas por decisión judicial, podrán ser objeto de reducción en la base imponible».

Sin embargo, estas anualidades sí serán tenidas en cuenta a la hora de calcular la **cuota íntegra estatal y autonómica del IRPF**. Hay que recordar que el artículo 64 de la LIRPF dispone:

> «Los contribuyentes que satisfagan las anualidades por alimentos a sus hijos previstas en la letra k) del artículo 7 sin derecho a la aplicación por estos últimos del mínimo por descendientes previsto en el artículo 58, cuando el importe de aquellas sea inferior a la base liquidable general, aplicarán la escala prevista en el número 1.º del apartado 1 del artículo 63 separadamente al importe de las anualidades por alimentos y al resto de la base liquidable general. La cuantía total resultante se minorará en el importe derivado de aplicar la escala prevista en el número 1.º del apartado 1 del artículo 63, a la parte de la base liquidable general correspondiente al mínimo personal y familiar incrementado en 1.980 euros anuales, sin que pueda resultar negativa como consecuencia de tal minoración».

En el caso de la cuota íntegra autonómica la LIRPF se pronuncia en el mismo sentido en su artículo 75.

A estos efectos hay que destacar que para la aplicación del régimen de anualidades por alimentos a favor de los hijos se toma en cuenta el importe dinerario que efectivamente se haya satisfecho en concepto de anualidad por alimentos, incluyendo los gastos extraordinarios, en virtud de lo dispuesto en el artículo 142 del CC que considera alimentos todo lo indispensable para el sustento, habitación, vestido y asistencia médica, además de la educación e instrucción del alimentista en cuanto no finalice su formación. Esto implica que mientras exista la obligación por parte del contribuyente de pagar la pensión de alimentos y el 50 % de los gastos extraordinarios, y estos efectivamente se satisfagan, podrán aplicarse las especialidades establecidas en los artículos 64 y 75 de la LIRPF.

En consonancia con todo lo expuesto, Tributos en su **consulta vinculante (V2036-24) de 23 de septiembre de 2024**, concluye, en un caso en el que el contribuyente abonaba pensión de alimentos, gastos extraordinarios y cuotas de telefonía móvil en virtud de lo dispuesto en el convenio regulador, que podría aplicar el mentado régimen de especialidades a las cantidades efectivamente abonadas por esos conceptos.

ANEXO II.
FORMULARIOS

Demanda de mutuo acuerdo de modificación de medidas en convenio regulador (pensión de alimentos)

> **A TENER EN CUENTA.** Por la reforma realizada por la LO 1/2025, de 2 de enero, una vez implantados de forma efectiva los tribunales de instancia (D.T. 1.ª), todas las referencias realizadas a los juzgados unipersonales se entenderán realizadas a las secciones del orden jurisdiccional correspondiente de los tribunales de instancia. En este caso, el art. 86 de la LOPJ atribuye esta materia a la Sección de Familia, Infancia y Capacidad.

> **A TENER EN CUENTA.** Desde el 03/04/2025 por la reforma realizada por la LO 1/2025, de 2 de enero, se exige para la admisión de las demandas civiles el haber acudido a un medio adecuado de solución de controversias (MASC). Es el artículo 5 de la LO 1/2025, de 2 de enero, el que determina estos casos.

AL JUZGADO DE PRIMERA INSTANCIA NÚMERO [NÚMERO] DE [LOCALIDAD] /SECCIÓN DE FAMILIA, INFANCIA Y CAPACIDAD DEL TRIBUNAL DE INSTANCIA DE [ESPECIFICAR] (1)(4)

D./D.ª [NOMBRE_PROCURADOR_CLIENTE], procurador/a de los tribunales, número de colegiado [NÚMERO] en nombre y representación de D./D.ª [NOMBRE_CLIENTE] y de D./D.ª [NOMBRE_CLIENTE], según acredito mediante poder [NOTARIAL/*APUD ACTA*], poder que acompaño como **documento número** [NÚMERO], bajo la dirección letrada de D./D.ª [NOMBRE_ABOGADO_CLIENTE], número de colegiado [NÚMERO] del ICA [LUGAR], ante el juzgado comparezco y, como mejor proceda en derecho,

DIGO

Que mediante el presente escrito formulo **DEMANDA DE MODIFICACIÓN DE MEDIDAS DE MUTUO ACUERDO**, acordadas en sentencia de [CONCEPTO] (2) n.º [SENTENCIA_NÚMERO] de fecha [FECHA] dictada en autos n.º [AUTOS_NÚMERO] tramitados ante este juzgado de primera instancia n.º [NÚMERO] de [LOCALIDAD], en el sentido que se especificará en el suplico de esta demanda.

Y ello con relación a los siguientes,

HECHOS

PRIMERO. En fecha [FECHA], se dictó sentencia n.º [SENTENCIA_NÚMERO] por el juzgado de primera instancia n.º [NÚMERO] de [LOCALIDAD].

Se acompaña como **documento número** [NÚMERO], copia de la meritada sentencia.

SEGUNDO. Entre las medidas acordadas, se establecía que [NOMBRE_PROGENITOR_ALIMENTANTE], debía satisfacer una pensión de alimentos en favor del hijo en común de [CANTIDAD_EN_LETRA] euros, ([CANTIDAD_EN NÚMERO] euros).

TERCERO. Las circunstancias tenidas en cuenta para acordar dicha pensión fueron las siguientes:

1. Necesidades del hijo: [DESARROLLO].

2. Fortuna de los alimentantes: [DESARROLLO].

CUARTO. Habida cuenta [DESCRIPCIÓN] se ha producido una alteración sustancian en las [CIRCUNSTANCIAS PERSONALES/ECONÓMICAS DE LOS COMPARECIENTES/NECESIDADES DEL HIJO], circunstancia por el que las partes han suscrito, de común acuerdo en fecha [FECHA], CONVENIO REGULADOR en modificación del anteriormente homologado y que aportamos como **documento número** [NÚMERO].

FUNDAMENTOS DE DERECHO

I.- JURISDICCIÓN Y COMPETENCIA

Conforme al artículo 21 de la Ley Orgánica del Poder Judicial y al artículo 36 de la Ley de Enjuiciamiento Civil serán competentes para conocer de estos asuntos los juzgados y tribunales españoles del orden jurisdiccional civil.

Según el artículo 85 de la LOPJ (5), le corresponderá el conocimiento de este asunto a los juzgados de primera instancia. En concreto, de conformidad con el artículo 775 de la LEC, le corresponderá al juzgado que acordó las medidas definitivas.

II.- CAPACIDAD Y LEGITIMACIÓN

Ambas partes ostentan la capacidad legal prevista en el artículo 6 de la LEC, así como están legitimadas activamente por el apartado 9 del artículo 777 del mismo texto legal.

Según los artículos 10 y 775, apartado 1 de la LEC, están legitimados de forma activa y pasiva, los cónyuges. (3)

II.- POSTULACIÓN

Mis mandantes actúan representadas por medio de procurador/a y asistidas de abogado/a, en virtud del artículo 23 y 31, ambos de la LEC, así como del artículo 750 del mismo texto legal, por el cual actúan por medio de una sola defensa y representación.

El artículo 775 de la LEC permite solicitar la modificación de las medidas definitivas acordadas en sentencia de separación o divorcio cuando hayan variado sustancialmente las circunstancias que se tuvieron en cuenta para aprobarlas o acordarlas.

IV.- MASC

Según lo establecido en el art. 5 de la LO 1/2025, de 2 de enero, las partes han acudido a [DESCRIPCIÓN PROCESO MASC] en los términos siguientes [ESPECIFICAR] (5).

A estos efectos adjuntamos los siguientes documentos: (6)

- Documento n.º [NÚMERO].
- Documento n.º [NÚMERO].

V.- FONDO DEL ASUNTO

El artículo 775 de la LEC permite solicitar del tribunal la modificación de medidas definitivas acordadas o adoptadas en las sentencias de separación o divorcio cuando hayan variado sustancialmente las circunstancias en que se adoptaron. Asimismo, se prevé que, si la petición se hiciera por ambos cónyuges de común acuerdo o por uno con el consentimiento del otro y acompañando propuesta de convenio regulador, tal y como ocurre en el caso que nos ocupa, regirá el procedimiento establecido en el artículo 777 de la LEC.

El artículo 90 del Código Civil señala al respecto que:

«Los acuerdos de los cónyuges adoptados para regular las consecuencias de la nulidad, separación y divorcio presentados ante el órgano judicial serán aprobados por el juez salvo si son dañosos para los hijos o gravemente perjudiciales para uno de los cónyuges. (...)».

Es pacífica la interpretación doctrinal y jurisprudencial al respecto, como sucede en, entre otras muchas, la sentencia Audiencia Provincial de Girona n.º 916/2020, de 25 de junio, ECLI:ES:APGI:2020:1034, o la **sentencia Audiencia Provincial de Pontevedra n.º 177/2021, de 7 de mayo, ECLI:ES:APPO:2021:928,** que determina que la modificación de medidas en derecho de familia exige el inexcusable cumplimiento de una serie de requisitos:

1.- Que haya tenido lugar un cambio en el conjunto de circunstancias consideradas al tiempo de adoptarse las medidas. Es decir, que desde que se adoptaron las medidas al momento en el que se solicita la modificación, se haya producido un cambio de circunstancias.

2.- Que el cambio de circunstancias sea sustancial, importante o fundamental.

3.- Que la alteración o variación, afecte a las circunstancias que fueron tenidas en cuenta por las partes o el juez en la adopción de las medidas e influyeron como un presupuesto de su determinación.

4.- Que la alteración de las circunstancias evidencie signos de permanencia de modo que permita distinguirla de un cambio meramente coyuntural o transitorio de las circunstancias tenidas en cuenta en la adopción de las medidas.

5.- Ha de tratarse de hechos posteriores a los ya enjuiciados, pues, aunque no les alcanza el valor de cosa juzgada, tiene el límite derivado de que las causas en que se fundamente la petición modificativa no hayan sido objeto de estudio y análisis en otro pleito anterior, pues, lo contrario, produciría una revisión de conductas y hechos ya valorados en su momento y sobre los cuáles no cabe pronunciarse de nuevo.

6.- Que la referida modificación o alteración no haya sido provocada o buscada voluntariamente o de propósito para obtener una modificación de las medidas ya adoptadas y sustituirlas por otras que resulten más beneficiosas para el solicitante.

De lo expuesto en los apartados tercero y cuarto del relato de hechos de la presente demanda puede desprenderse, sin género de duda alguna, la efectiva concurrencia de tales circunstancias en el concreto caso que hoy nos ocupa.

En este sentido, el artículo 146 del Código Civil establece lo siguiente: «La cuantía de los alimentos será *proporcionada al caudal o medios de quien los da y a las necesidades de quien los recibe».*

VI.- INTERVENCIÓN DEL MINISTERIO FISCAL

De conformidad con lo estipulado en 749, apartado 2 de la LEC, es preceptiva la intervención del Ministerio Público al existir un menor.

VII.- *IURA NOVIT CURIA*

En todo lo no invocado, resulta de aplicación el principio *iura novit curia*, plasmado en el párrafo segundo del punto primero del artículo 218 de la Ley de Enjuiciamiento Civil, en virtud del cual serán aplicables las demás normas que sean de pertinente, especial o general aplicación, y que el juzgador podrá tener en cuenta de oficio sin necesidad de que hayan sido previamente alegados o invocados por alguna de las partes intervinientes.

Por lo expuesto,

SUPLICO AL JUZGADO/A LA SECCIÓN:

Que tenga por presentado este escrito junto con sus documentos y copias, y previo traslado al Ministerio Fiscal, y se me tenga como comparecido y parte en la representación que ostento, entendiéndose conmigo la sucesivas actuaciones, y tenga por formulada la presente **SOLICITUD DE MODIFICACIÓN DE MEDIDAS DEFINITIVAS DE MUTUO ACUERDO sobre pensión de alimentos**, y tras los trámites legales oportunos, se acuerde la modificación de la pensión de alimentos en la cuantía de [DESCRIPCIÓN NUEVA CUANTÍA].

Todo ello sin hacer expresa imposición en costas según lo preceptuado en atención a la materia.

Por ser justicia que pido en, [LUGAR] a [DIA] de [MES] de [AÑO].

Letrado/a D./D.ª [NOMBRE] Procurador/a D./D.ª [NOMBRE]
[NÚMERO_COLEGIADO ABOGADO_ [NÚMERO_COLEGIADO_PROCURA-
CLIENTE] DOR_CLIENTE]

OTROSÍ DIGO: Siendo intención de esta parte cumplir con todos los requisitos legales, a tenor de lo previsto en el artículo 231 de la Ley de Enjuiciamiento Civil, se solicita se le diere traslado de cualquier defecto que adoleciere este recurso, para la inmediata subsanación de la misma.

SUPLICO AL JUZGADO/A LA SECCIÓN:

Que tenga por efectuada la anterior manifestación a los efectos oportunos.

Por ser de justicia, fecha y lugar *ut supra*.

---

(1) La demanda de modificación de medidas deberá dirigirse al tribunal que dictó las medidas objeto de modificación (art. 775 de la LEC).

(2) Separación o divorcio.

(3) El Ministerio Fiscal, habiendo hijos menores o hijos con discapacidad con medidas de apoyo atribuidas a sus progenitores también posee legitimación para instar la modificación de medidas.

(4) Por la reforma realizada por la LO 1/2025, de 2 de enero, una vez implantados de forma efectiva los tribunales de instancia (D.T. 1.ª), todas las referencias realizadas a los juzgados unipersonales se entenderán realizadas a las secciones del orden jurisdiccional correspondiente de los tribunales de instancia. En este caso, el art. 86 de la LOPJ atribuye esta materia a la Sección de Familia, Infancia y Capacidad.

(5) De acuerdo con el segundo párrafo del art. 399.3 de la LEC se hará constar en la demanda la descripción del proceso de negociación previo llevado a cabo o la imposibilidad del mismo, conforme a lo establecido en el ordinal 4.º del artículo 264, y se manifestarán, en su caso, los documentos que justifiquen que se ha acudido a un medio adecuado de solución de controversias, salvo en los supuestos exceptuados en la Ley de este requisito de procedibilidad.

(6) Documentos que acrediten haberse intentado la actividad negociadora previa a la vía judicial cuando la ley exija dicho intento como requisito de procedibilidad, o declaración responsable de la parte de la imposibilidad de llevar a cabo la actividad negociadora previa a la vía judicial por desconocer el domicilio de la parte demandada o el medio por el que puede ser requerido.

Demanda de divorcio con pensión de alimentos a hijo mayor de edad con discapacidad

> **A TENER EN CUENTA.** Por la reforma realizada por la LO 1/2025, de 2 de enero, una vez implantados de forma efectiva los tribunales de instancia (D.T. 1.ª), todas las referencias realizadas a los juzgados unipersonales se entenderán realizadas a las secciones del orden jurisdiccional correspondiente de los tribunales de instancia. En este caso, el art. 86 de la LOPJ atribuye esta materia a la Sección de Familia, Infancia y Capacidad.

> **A TENER EN CUENTA.** Desde el 03/04/2025 por la reforma realizada por la LO 1/2025, de 2 de enero, se exige para la admisión de las demandas civiles el haber acudido a un medio adecuado de solución de controversias (MASC). Es el **artículo 5 de la LO 1/2025, de 2 de enero**, el que determina estos casos.

AL JUZGADO DE PRIMERA INSTANCIA DE [LOCALIDAD]/ SECCIÓN DE FAMILIA, INFANCIA Y CAPACIDAD DEL TRIBUNAL DE INSTANCIA DE [ESPECIFICAR] (1)

D./D.ª [NOMBRE PROCURADOR CLIENTE], procurador/a de los tribunales con número de colegiado/a [NÚMERO], en nombre y representación de D./D.ª [NOMBRE CLIENTE], con domicilio en esta ciudad en [DOMICILIO], y provisto de DNI número [NÚMERO], lo que acredito mediante poder [NOTARIAL/*APUD ACTA*], copia del cual adjunto como **documento n.º** [NÚMERO], bajo la asistencia letrada de D./D.ª [NOMBRE ABOGADO CLIENTE], n.º de colegiado/a [NÚMERO] por el ICA de [LUGAR], ante el juzgado comparezco y, como mejor proceda en derecho,

DIGO

Que mediante la presente, interpongo **DEMANDA DE DIVORCIO CONTENCIOSO** contra **D./D.ª** [NOMBRE PARTE CONTRARIA], con domicilio en esta ciudad en [DOMICILIO PARTE CONTRARIA], y con DNI número [NÚMERO], y ello con base en los siguientes,

HECHOS

PRIMERO.- D./D.ª [NOMBRE CLIENTE], mi mandante, contrajo matrimonio [CIVIL/CANÓNICO] en régimen de [RÉGIMEN ECONÓMICO MATRIMONIAL] el [DIA] de [MES] de [AÑO] con D./D.ª [NOMBRE PARTE CONTRARIA], encontrándose inscrito en el Registro Civil de [LUGAR], libro n.º [NÚMERO], tomo n.º [NÚMERO], folio n.º [NÚMERO], conforme se acredita mediante la aportación de la certificación de la inscripción del matrimonio, **documento n.º** [NÚMERO].

SEGUNDO.- De dicho matrimonio, nació [NOMBRE DEL HIJO] en fecha [FECHA].

Se adjunta como **documento n.°**[NÚMERO] certificado de nacimiento.

TERCERO.- En la actualidad, el hijo tiene una grado de discapacidad de [ESPECIFI-CAR], el mismo reside con la actora.

Se adjunta como **documento n.°**[NÚMERO] certificado de empadronamiento y como **documento n.°**[NÚMERO] informes médicos que acreditan el estado y grado y discapacidad su hijo.

CUARTO.- Si bien durante los años [AÑO] a [AÑO], ambos cónyuges mantuvieron la convivencia siendo el domicilio familiar el sito en [DOMICILIO], en fecha [FECHA] el demandado abandonó el mismo procediendo a residir en [ESPECIFICAR].

QUINTO.- La adversa trabaja en la actualidad como [PROFESIÓN], llevando a cabo las actividades de [DESCRIPCIÓN], por la que viene a percibir cerca de [CANTIDAD] euros mensuales. Además, en sus ratos libres realiza labores de [ESPECIFICAR], percibiendo por este concepto unos [CANTIDAD] euros mensuales, de forma que los ingresos reales del/de la demandado/a se acercan a los [CANTIDAD] euros mensuales.

Se adjunta como **documento n°** [NÚMERO] copia de [DESCRIPCIÓN].

SEXTO.- Mi cliente, por el contrario, se encuentra en la actualidad trabajando como [PROFESIÓN], por lo que percibe la cantidad de [CANTIDAD] euros mensuales, cantidad notablemente inferior a la percibida por la parte contraria.

Se adjunta como **documento n°** [NÚMERO] copia de la última nómina de mi cliente.

SÉPTIMO.- Por lo expuesto, además de la solicitud de la disolución por divorcio del matrimonio de las partes, se solicita una pensión de alimentos a favor del hijo de ambos al encontrarse dependiente económicamente de la ahora actora, debiendo, por tanto, el demandado contribuir a las cargas del matrimonio, tal como sigue haciendo mi principal, con la entrega de la cantidad de [CANTIDAD] euros mensuales, para el/la hijo/a en concepto de alimentos.

La petición de dicha cantidad en concepto de alimentos para [EL HIJO/LA HIJA] con discapacidad, es completamente acorde a las posibilidades económicas del padre/de la madre.

La cantidad que se solicita por mi mandante deberá ser actualizada anualmente de conformidad con el [ÍNDICE DE ACTUALIZACIÓN].

OCTAVO.- No habiendo podido llegar a un acuerdo con el/la demandado/a, interesa a esta parte se decrete el divorcio, y que se proceda al establecimiento de la medida de pensión de alimentos a favor del hijo [NOMBRE], toda vez que el domicilio familiar es de titularidad de los padres de mi mandante y, por tanto residen en situación de precario, amén de no ser necesaria el establecimiento de pensión compensatoria.

A los anteriores hechos les son de aplicación los siguientes,

FUNDAMENTOS DE DERECHO

I.- JURISDICCIÓN Y COMPETENCIA

Los arts. 21, 22 y 85 **(2)** de la Ley orgánica del poder judicial (LOPJ) y los arts. 36, 46 y 769 de la Ley de Enjuiciamiento Civil (LEC) atribuyen a la jurisdicción española y a los juzgados de primera instancia en concreto el conocimiento de esta materia.

Es competente el juzgado del lugar del domicilio conyugal o, caso de residir los cónyuges en distintos partidos judiciales, será tribunal competente, a elección del demandante, el del último domicilio del matrimonio o el de residencia del demandado.

II.- PROCEDIMIENTO

Se seguirá el cauce establecido en el art. 770 de la LEC que remite a la regulación del juicio verbal, con las especificaciones que incluye este precepto.

III.- CAPACIDAD Y LEGITIMACIÓN

Mi representado/a ostenta la capacidad necesaria para ser parte en el presente proceso, de conformidad con lo dispuesto en los artículos 6 y siguientes de la Ley de Enjuiciamiento Civil y está legitimado para la presentación de esta demanda, en aplicación del art. 10 de la Ley de Enjuiciamiento Civil con relación al art. 44 del Código Civil, así como también se encuentra legitimado para la solicitud de la pensión de alimentos a favor del hijo mayor de edad económicamente dependiente de conformidad con lo dispuesto por el **Tribunal Supremo** en su **sentencia n.º 411/2000, de 24 de abril, ECLI:ES:TS:2000:3422**, ratificada, entre otras, por la sentencia n.º 700/2014, de 21 de noviembre, ECLI:ES:TS:2014:5817, en interpretación de lo dispuesto en el art. 93 del Código Civil (CC).

IV.- POSTULACIÓN Y DEFENSA

De acuerdo con el artículo 750 de la LEC, esta parte comparece representada por procurador/a legalmente habilitado/a para actuar ante los juzgados y tribunales de esta ciudad y bajo la dirección técnica de letrado/a ejerciente.

V.- INTERVENCIÓN DEL MINISTERIO FISCAL

No es preceptiva la intervención del Ministerio Público al no existir hijos menores entre los actuantes o con las capacidades judicialmente modificadas.

VI.- MASC

Según lo establecido en el **art. 5 de la LO 1/2025, de 2 de enero**, las partes han acudido a [DESCRIPCIÓN PROCESO MASC] en los términos siguientes [ESPECIFICAR] **(3)**.

A estos efectos adjuntamos los siguientes documentos: **(4)**

– **Documento n.º** [NÚMERO].
– **Documento n.º** [NÚMERO].

VII.- FONDO DEL ASUNTO

Del divorcio

Tal y como se establece en el artículo 86 del Código Civil (CC):

> «se decretará judicialmente el divorcio, cualquiera que sea la forma de celebración del matrimonio, a petición de uno solo de los cónyuges cuando concurran los requisitos y circunstancias exigidos en el art. 81 del mismo texto, es decir una vez transcurridos tres meses desde la celebración del matrimonio».

Ninguna duda existe a este respecto, toda vez que de la documental obrante se observa claramente el transcurso del tiempo exigido.

El último párrafo del artículo 81.2 del Código Civil, al que se remite el art. 86 del mismo texto, exige que a la demanda se acompañe propuesta fundada de las medidas que hayan de regular los efectos derivados del divorcio. El art. 91 del mismo texto legal confirma que el juez deberá determinar en las sentencias de divorcio las medidas que regirán determinadas relaciones de las partes.

Los siguientes preceptos del CC regulan de forma pormenorizada cada uno de los apartados anteriores: el **artículo 92 CC** la guarda y custodia de los hijos, el artículo 93 del CC los alimentos para ellos, el artículo 94 del CC, el régimen de visitas del cónyuge que no tenga consigo a los hijos, el artículo 95 del CC la disolución del régimen económico matrimonial y el 96 la atribución del uso de la vivienda familiar.

Pensión de alimentos

Expuesto ya en el fundamento jurídico tercero de la presente la legitimación para con la petición de alimentos a favor de hijos mayores de edad dependientes de uno de los progenitores (sentencia de 24.04.2000 y 21.11.2014,), la misma está reconocida en el artículo 93 del CC.

El **artículo 93 del CC** prevé que «el Juez, en todo caso, determinará la contribución de cada progenitor para satisfacer los alimentos y adoptará las medidas convenientes para asegurar la efectividad y acomodación de las prestaciones a las circunstancias económicas y necesidades de los hijos en cada momento».

Además de ello, el **artículo 39 de la Constitución Española** en su apartado 3.º establece que:

«los padres **DEBEN** prestar asistencia de todo orden a los hijos habidos dentro o fuera del matrimonio, durante su minoría de edad y en los demás casos en que legalmente proceda».

Por todo ello, uno de los presupuestos de la obligación legal de alimentos es la necesidad del alimentista, en el sentido de que el mismo no está en condiciones de proveer por sí mismo a su propia subsistencia.

Los arts. 146 y 148 del CC resaltan este presupuesto al mencionar expresamente las necesidades, y el artículo 152.3º del CC al incluir entre los casos de extinción la falta de tal necesidad. Por ello, quien reclama ha de probar la desasistencia y la necesidad.

Por lo que, **los alimentos a los hijos no se extinguen por la mayoría de edad**, sino que la obligación se extiende hasta que estos alcancen suficiencia económica, siempre y cuando la necesidad no haya sido creada por la conducta del propio hijo.

Así, la **sentencia del Tribunal Supremo n.º 430/2015, de 17 de julio, ECLI:ES:TS:2015:3441**, la que establece que la situación de un hijo con discapacidad deberá «**equipararse a los alimentos que se entregan a los menores mientras se mantenga la convivencia del hijo en el domicilio familiar y se carezca de recursos**».

Por lo otro lado, la sentencia del Tribunal Supremo n.º 372/2014, de 7 de julio, ECLI:ES:TS:2014:2622, llega a la conclusión de que «**no se puede entender que estamos ante un hijo mayor de edad o emancipado, al que le sería aplicable el régimen de los artículos 142 y siguientes de Código Civil, puesto que los alimentos de un hijo de estas características, no pueden verse afectados por las limitaciones propias del régimen legal de alimentos entre parientes, no pudiendo tener el mismo régimen que los alimentos a otro hijo mayor de edad o emancipado**».

Asimismo, para el Tribunal Supremo es evidente que, aun cuando el hijo puede recibir ayudas de la administración, **no es posible desplazar la responsabilidad de mantenimiento hacia los poderes públicos** en beneficio del progenitor.

VIII.- COSTAS

De conformidad con lo dispuesto en el artículo 394 de la LEC **(5)**, deberán ser impuestas a la demandante.

IX.- *IURA NOVIT CURIA*

En todo lo no invocado, resulta de aplicación el principio *iura novit curia*, plasmado en el párrafo segundo del punto primero del artículo 218 de la Ley de Enjuiciamiento Civil, en virtud del cual serán aplicables las demás normas que sean de pertinente, especial o general aplicación, y que el juzgador podrá tener en cuenta de oficio sin necesidad de que hayan sido previamente alegados o invocados por alguna de las partes intervinientes.

SUPLICO AL JUZGADO/A LA SECCIÓN:

Que tenga por presentado este escrito con sus copias y documentos, se sirva admitirlos, me tenga por parte en la representación indicada, mandando se entiendan conmigo las ulteriores diligencias y, teniendo por interpuesta **DEMANDA DE DIVORCIO** del matrimonio contraído por mi mandante con D./D.ª [NOMBRE PARTE CONTRARIA], la admita a trámite, se declare competente para conocer de ella y se sustancie por los trámites del juicio verbal y, previos los trámites legales oportunos, convoque la vista del juicio, recibiendo el pleito a prueba, y en su día dicte sentencia por la que:

a) Se declare la disolución por divorcio del matrimonio contraído por mi mandante D./D.ª [NOMBRE CLIENTE] y D./D.ª [NOMBRE PARTE CONTRARIA].

b) Se establezca una pensión de alimentos a favor del hijo en cantidad de [CANTIDAD EN LETRA] euros ([CANTIDAD EN NÚMERO] euros) que se deberá abonar dentro de los cinco primeros días de cada mes en la cuenta [ESPECIFICAR] siendo anualmente actualizable conforme [ÍNDICE DE ACTUALIZACIÓN].

c) Una vez sea firme la sentencia, se libre mandamiento dirigido al Registro Civil de [LOCALIDAD], para la inscripción de la misma.

Por ser de justicia que se pide en [LUGAR] y [FECHA].

<table>
<tr><td>Ltdo.</td><td>Proc.</td></tr>
<tr><td>[NOMBRE Y FIRMA DE ABOGADO]</td><td>[NOMBRE Y FIRMA PROCURADOR]</td></tr>
</table>

---

(1) Por la reforma realizada por la LO 1/2025, de 2 de enero, una vez implantados de forma efectiva los tribunales de instancia (D.T. 1.ª), todas las referencias realizadas a los juzgados unipersonales se entenderán realizadas a las secciones del orden jurisdiccional correspondiente de los tribunales de instancia. En este caso, el art. 86 de la LOPJ atribuye esta materia a la Sección de Familia, Infancia y Capacidad.

(2) El art. 85 de la LOPJ ha sido modificado por la LO 1/2025, de 2 de enero, con efectos desde el 23 de enero de 2025.

(3) De acuerdo con el segundo párrafo del art. 399.3 de la LEC se hará constar en la demanda la descripción del proceso de negociación previo llevado a cabo o la imposibilidad del mismo, conforme a lo establecido en el ordinal 4.º del artículo 264, y se manifestarán, en su caso, los documentos que justifiquen que se ha acudido a un medio adecuado de solución de controversias, salvo en los supuestos exceptuados en la Ley de este requisito de procedibilidad.

(4) Documentos que acrediten haberse intentado la actividad negociadora previa a la vía judicial cuando la ley exija dicho intento como requisito de procedibilidad, o declaración responsable de la parte de la imposibilidad de llevar a cabo la actividad negociadora previa a la vía judicial por desconocer el domicilio de la parte demandada o el medio por el que puede ser requerido.

(5) El art. 394 de la LEC ha sido modificado por la LO 1/2025, de 2 de enero, con efectos desde el 3 de abril de 2025.

Demanda de solicitud de extinción de pensión de alimentos. Hijos trabajando

---

A TENER EN CUENTA. Por la reforma realizada por la LO 1/2025, de 2 de enero, una vez implantados de forma efectiva los tribunales de instancia (D.T. 1.ª), todas las referencias realizadas a los juzgados unipersonales se entenderán realizadas a las secciones del orden jurisdiccional correspondiente de los tribunales de instancia.

A TENER EN CUENTA. Desde el 03/04/2025 por la reforma realizada por la LO 1/2025, de 2 de enero, se exige para la admisión de las demandas civiles el haber acudido a un medio adecuado de solución de controversias (MASC). Es el artículo 5 de la LO 1/2025, de 2 de enero, el que determina estos casos.

AL JUZGADO DE PRIMERA INSTANCIA / A LA SECCIÓN DE FAMILIA, INFANCIA Y CAPACIDAD DEL TRIBUNAL DE INSTANCIA DE [LOCALIDAD] (5)

D./D.ª [NOMBRE_PROCURADOR_CLIENTE], procurador/a de los tribunales y de D./D.ª [NOMBRE_CLIENTE], en virtud de [DESCRIPCION] (1) a mi favor conferido, bajo la dirección letrada de D./D.ª [NOMBRE_ABOGADO_CLIENTE] colegiado/a número [NUMERO] por el ICA de [LOCALIDAD], ante el juzgado/ la sección comparezco y, como mejor proceda en derecho, **DIGO:**

Mediante la presente, interponemos demanda de **EXTINCIÓN DE PENSIÓN DE ALIMENTOS contra D./D.ª** [NOMBRE_PARTE_CONTRARIA] con domicilio en [DESCRIPCION] y NIF [NUMERO], y ello con base en los siguientes

HECHOS

PRIMERO.- Mi mandante y la contraparte contrajeron matrimonio el [FECHA], produciéndose el divorcio el [FECHA], tras resolución dictada por este órgano.

En la referida resolución se establecían una serie de medidas entre las cuales se adoptaba el establecimiento de una pensión de alimentos a cargo de mi mandante y a favor del/de la hijo/a, entonces menor, que había tenido con la adversa.

Se acompaña como **documento n.º** [NUMERO] copia de la resolución con las medidas acordadas.

SEGUNDO.- Actualmente, mi mandante ha tenido conocimiento de que su hijo/a, mayor de edad, desempeña un trabajo remunerado, desde hace al menos [NUMERO] meses, por lo que se debe entender que la obligación de la pensión ya no procede, interesando, mediante la presente, la extinción de la misma.

TERCERO.- A tal respecto, y como se solicitará mediante OTROSÍ DIGO, y a los efectos de probar la existencia de la relación laboral, causa de extinción de la pensión, esta parte solicitará se requiera a la TGSS a los efectos de que remita vida laboral del/ de la alimentista.

A los anteriores hechos les son de aplicación los siguientes,

FUNDAMENTOS DE DERECHO

I.- JURISDICCIÓN Y COMPETENCIA

De acuerdo con los artículos 9.2, 21.1 y 22.3 de la Ley Orgánica del Poder Judicial en relación con el artículo 36 de la Ley de Enjuiciamiento Civil, corresponde a los órganos jurisdiccionales del orden civil el conocimiento del presente procedimiento por ser el demandante español y, además, tener ambos cónyuges la residencia en España.

Corresponde a los juzgados de 1.ª de instancia / a las secciones de familia de los tribunales de instancia el conocimiento de la presente demanda en aplicación del artículo 86 de la Ley Orgánica del Poder Judicial, siendo concretamente competente el juzgado al / la sección a la que me dirijo, en virtud de lo establecido en los artículos 61 y 775 de la Ley de Enjuiciamiento Civil, por haber sido el que conoció del procedimiento en instancia.

II.- CAPACIDAD Y LEGITIMACIÓN

Ambas partes poseen capacidad suficiente de conformidad con lo dispuesto en los artículos 6 y 7 (2) de la Ley de enjuiciamiento civil (LEC) y están legitimados activa y pasivamente, según reconoce el artículo 10 de la LEC.

A mayor abundamiento, debemos mentar que la legitimación pasiva le corresponde a la actuante en el procedimiento principal, en donde se establecieron las mismas, de conformidad con lo dispuesto jurisprudencialmente, a título de ejemplo en las sentencias de la **Audiencia Provincial de Toledo n.º 129/2017, de 19 de mayo, ECLI:ES:APTO:2017:562** y la **Audiencia Provincial de Barcelona n.º 165/2016 de 25 de febrero, ECLI:ES:APB:2016:2532.**

III.- MEDIOS ADECUADOS DE SOLUCIÓN DE CONTROVERSIAS (MASC)

Según lo establecido en el art. 5 de la LO 1/2025, de 2 de enero, las partes han acudido a [DESCRIPCIÓN PROCESO MASC] en los términos siguientes [ESPECIFICAR] (6).

A estos efectos adjuntamos los siguientes documentos (7):

- Documento n.º [NÚMERO].
- Documento n.º [NÚMERO].

IV.- PROCEDIMIENTO

Respecto a la modificación de las medidas definitivas, dispone el artículo 775, apartado 2, de la Ley de Enjuiciamiento Civil que estas peticiones se tramitarán conforme a lo dispuesto en el artículo 770, del mismo cuerpo legal (3).

V.- POSTULACIÓN Y DEFENSA

En cumplimiento de lo establecido en los artículos 23 y 31 de la Ley de Enjuiciamiento Civil, esta parte comparece representada por procurador y dirigida por letrado.

VI.- INTERVENCIÓN DEL MINISTERIO FISCAL

(4)

VII.- FONDO DEL ASUNTO

De aplicación lo dispuesto en el Código Civil (CC), concretamente lo dispuesto en su **artículo 152.3.°**, establece que «cesará a obligación de dar alimentos…Cuando el alimentista pueda ejercer un oficio, profesión o industria, o haya adquirido un destino o mejorado de fortuna, de suerte que no le sea necesaria la pensión alimenticia para su subsistencia».

Derivado de la aplicación del **artículo 93** del propio texto legal:

La **sentencia del Tribunal Supremo n.° 547/2014, de 10 de octubre, ECLI:ES:TS:2014:3937**, reiterando la n.° 991/2008, de 5 de noviembre, ECLI:ES:TS:2008:58058 indica que:

> «Los alimentos a los hijos no se extinguen por la mayoría de edad, sino que la obligación se extiende hasta que estos alcanzan la 'suficiencia' económica, siempre y cuando la necesidad no haya sido creada por la conducta del propio hijo».

VIII.- COSTAS

En aplicación del artículo 394, apartado 1, de la LEC, deberán imponerse las costas al demandado.

IX.- *IURA NOVIT CURIA*

En todo lo no invocado, resulta de aplicación el principio *iura novit curia*, plasmado en el párrafo segundo del punto primero del artículo 218 de la Ley de Enjuiciamiento Civil, en virtud del cual serán aplicables las demás normas que sean de pertinente, especial o general aplicación, y que el juzgador podrá tener en cuenta de oficio sin necesidad de que hayan sido previamente alegados o invocados por alguna de las partes intervinientes.

Por todo lo expuesto,

SUPLICO:

Se tenga por presentado este escrito, junto con sus copias y documentos adjuntos, los admita, les de la tramitación legal oportuna y, previo los trámites de rigor, dicte resolución por la que, estimando la presente, **declare la EXTINCIÓN de la PENSIÓN DE ALIMENTOS**, acordada en la resolución de [DESCRIPCION], con todo lo demás procedente en derecho.

Todo ello con expresa imposición en costas a la adversa.

Por ser justicia en [LOCALIDAD] a [FECHA].

Letrado/a D./D.ª [NOMBRE]   Procurador/a D./D.ª [NOMBRE]
[NÚMERO_COLEGIADO ABOGADO_   [NÚMERO_COLEGIADO_PROCURA-
        CLIENTE]   DOR_CLIENTE]

PRIMER OTROSÍ DIGO: interesa esta parte, a los efectos de acreditar la existencia de la relación laboral, así como la remuneración percibida al respecto, que, para el caso de oponerse la demandada a la presente, se requiera a la TGSS a los efectos de que remita informe de vida laboral de la hija de las partes, así como se requiera a la empresa [DESCRIPCION] a los efectos de que remita las últimas nóminas y contrato de trabajo.

En su virtud,

SUPLICO:

Se tenga por efectuada la anterior solicitud, y disponga de todo lo necesario para que se lleve a cabo.

Por ser justicia, fecha y lugar *ut supra*.

Letrado/a D./D.ª [NOMBRE]

[NÚMERO_COLEGIADO ABOGADO_CLIENTE]

Procurador/a D./D.ª [NOMBRE]

[NÚMERO_COLEGIADO_PROCURA-DOR_CLIENTE]

SEGUNDO OTROSÍ DIGO: siendo intención de esta parte cumplir con todos los requisitos legales, a tenor de lo previsto en el artículo 231 de la Ley de Enjuiciamiento Civil, se solicita se le diere traslado de cualquier defecto que adoleciere la presente demanda, para la inmediata subsanación de la misma.

En consecuencia,

SUPLICO:

Que tenga por efectuada la anterior manifestación a los efectos oportunos.

Por ser justicia, fecha y lugar *ut supra*.

Letrado/a D./D.ª [NOMBRE]

[NÚMERO_COLEGIADO ABOGADO_CLIENTE]

Procurador/a D./D.ª [NOMBRE]

[NÚMERO_COLEGIADO_PROCURA-DOR_CLIENTE]

---

(1) Escritura notarial/poder *apud acta*.

(2) El artículo 7 de la LEC ha sufrido modificaciones en virtud de la Ley 8/2021, de 2 de junio, por lo que se reconoce la legitimación a todas las personas para comparecer en juicio y, si se tratara de menores de edad no emancipados, deberán comparecer mediante la representación, asistencia o autorización exigidos por la ley. En el caso de las personas con medidas de apoyo para el ejercicio de su capacidad jurídica, se estará al alcance y contenido de estas. Mediante la citada ley, también fue añadido el artículo 7 bis a la LEC regulando los ajustes para personas con discapacidad en materia de capacidad para ser parte, procesal y legitimación, que a su vez fue modificado por el Real Decreto-ley 6/2023, de 19 de diciembre.

(3) Hay que prestar atención a lo dispuesto en el artículo 770 de la LEC, en especial a su regla 4.ª, que regula sobre la práctica de la prueba, y 8.ª, ambas modificadas y esta última añadida con efectos desde el 3 de septiembre de 2021, por la Ley 8/2021, de 2 de junio. Así, la citada regla 8.ª suscribe:

«En los procesos matrimoniales en que existieran hijos comunes mayores de dieciséis años que se hallasen en situación de necesitar medidas de apoyo por razón de su discapacidad, se seguirán, en su caso, los trámites establecidos en esta ley para los procesos para la adopción judicial de medidas de apoyo a una persona con discapacidad».

(4) Hay que prestar atención a lo dispuesto en el artículo 775 de la LEC, en especial a su apartado 1.º, en el que se sustituye «incapacitados» por «hijos con discapacidad con medidas de apoyo atribuidas a los progenitores», precepto modificado por la Ley 8/2021, de 2 de junio.

(5) Por la reforma realizada por la LO 1/2025, de 2 de enero, una vez implantados de forma efectiva los tribunales de instancia (D.T. 1.ª), todas las referencias realizadas a los juzgados unipersonales se entenderán realizadas a las secciones del orden jurisdiccional correspondiente de los tribunales de instancia.

(6) De acuerdo con el segundo párrafo del art. 399.3 de la LEC se hará constar en la demanda la descripción del proceso de negociación previo llevado a cabo o la imposibilidad del mismo, conforme a lo establecido en el ordinal 4.º del artículo 264, y se manifestarán, en su caso, los documentos que justifiquen que se ha acudido a un medio adecuado de solución de controversias, salvo en los supuestos exceptuados en la Ley de este requisito de procedibilidad.

(7) Documentos que acrediten haberse intentado la actividad negociadora previa a la vía judicial cuando la ley exija dicho intento como requisito de procedibilidad, o declaración responsable de la parte de la imposibilidad de llevar a cabo la actividad negociadora previa a la vía judicial por desconocer el domicilio de la parte demandada o el medio por el que puede ser requerido.

Demanda ejecutiva de mensualidades, atrasos y actualizaciones de pensión de alimentos

A TENER EN CUENTA. Por la reforma realizada por la LO 1/2025, de 2 de enero, una vez implantados de forma efectiva los tribunales de instancia (D.T. 1.ª), todas las referencias realizadas a los juzgados unipersonales se entenderán realizadas a las secciones del orden jurisdiccional correspondiente de los tribunales de instancia. En este caso, el art. 86 de la LOPJ atribuye esta materia a la Sección de Familia, Infancia y Capacidad.

AL JUZGADO DE PRIMERA INSTANCIA NÚMERO [NÚMERO] DE [LOCALIDAD]//SECCIÓN DE FAMILIA DEL TRIBUNAL DE INSTANCIA DE [ESPECIFICAR] (4)

D./D.ª [NOMBRE_PROCURADOR_CLIENTE], con número de colegiado/a [NÚMERO_COLEGIADO_PROCURADOR_CLIENTE], en nombre y representación de D./D.ª [NOMBRE_CLIENTE], según consta acreditado en este procedimiento, con la asistencia letrada de D./D.ª [NOMBRE_ABOGADO_CLIENTE] con número de colegiado/a [NÚMERO_COLEGIADO_ABOGADO_CLIENTE], ante el juzgado/la sección comparezco y, como mejor proceda en derecho,

DIGO

En la representación que ostento y por medio del presente escrito, vengo a formular **DEMANDA DE EJECUCIÓN DE TÍTULO JUDICIAL** frente a D./D.ª [NOMBRE_PARTECONTRARIA], con [DNI] y domicilio en [DOMICILIO], en calidad de obligado/a al pago de la pensión de alimentos y los intereses correspondientes, más los intereses y costas de la presente ejecución, de conformidad con los siguientes,

HECHOS

PRIMERO.-Ante este juzgado/esta sección se dictó sentencia en fecha [FECHA] en el procedimiento contencioso/de mutuo acuerdo [NÚMERO].

En dicha sentencia se homologaba judicialmente el convenio regulador/acordaba medidas definitivas reguladoras de ruptura entre mi representado/a y la parte adversa.

En relación con la pensión de alimentos se establecía lo siguiente:

«Se establece una pensión alimenticia a favor del hijo menor a cargo del progenitor custodio por importe de [NÚMERO] euros, hasta la mayoría de edad o hasta que esté en condiciones de suficiencia económica.

Esta cantidad se abonará mensualmente, entre los días 1 y 5 de cada mes, en la cuenta bancaria designada por el progenitor custodio a tal efecto.

Esta cantidad se actualizará anualmente a las variaciones que experimente el índice de precios al consumo que publique el INE u organismo que lo sustituya, con efectos al primero de cada año».

SEGUNDO.- Mi mandante ha pagado algunas mensualidades sin la actualización anual correspondiente, adeudando por dicho concepto las siguientes cantidades:

*   [MES].

*   [MES].

*   [MES].

TERCERO.- Asimismo, el/la ejecutado/a ha dejado de abonar a mi mandante las cantidades correspondientes a las siguientes mensualidades:

*   [MES].

*   [MES].

*   [MES].

CUARTO.- El importe total que adeuda el ejecutado/a a mi mandante por los conceptos referidos en los apartados tercero y cuarto asciende a [NÚMERO] euros.

Los intereses por dichos impagos ascienden a [NÚMERO] euros.

Las cantidades adeudadas se sintetizan en el siguiente cuadro:

CONCEPTOS	AÑO	MES	INTERESES	IMPORTES
ATRASOS				
ACTUALIZACIONES				

QUINTO.-Mi principal requirió fehacientemente a la contraparte mediante [MEDIO_FEHACIENTE], resultando dicho intento absolutamente infructuoso, motivo por el cual se insta la presente ejecución.

FUNDAMENTOS DE DERECHO

I.- JURISDICCIÓN

Conforme lo dispuesto en el art. 21.1 de la LOPJ y en el art. 36 de la LEC, los tribunales españoles del orden civil son los competentes para conocer de la acción que se ejercita.

II.- COMPETENCIA

De conformidad con el artículo 545.1 de la LEC, es competente el juzgado (sección de familia) al que dirijo por conocer el asunto en primera instancia.

III.- CAPACIDAD Y LEGITIMACIÓN

Ambas partes ostentan capacidad suficiente de conformidad con lo dispuesto en los arts. 6 y 7 de la LEC, y están legitimadas las partes que forman parte de este proceso, en virtud de los artículos 10 y siguientes de la LEC.

La legitimación activa corresponde a mi poderdante por ser parte en el procedimiento en que se ha dictado la resolución judicial cuya ejecución se interesa.

La legitimación pasiva corresponde al/la demandado/a por venir obligado/a al cumplimiento de la resolución cuya ejecución se insta, de conformidad con el artículo 538 LEC.

IV.- POSTULACIÓN

De conformidad con el artículo 539 de la LEC se firma esta demanda por abogado/a y procurador/a.

V.- PROCEDIMIENTO

Debe aplicarse el procedimiento de ejecución de los artículos 776 de la LEC **(1)**:

«Los pronunciamientos sobre medidas se ejecutarán con arreglo a lo dispuesto en el Libro III de esta ley, con las especialidades siguientes:

1.ª Al cónyuge o progenitor que incumpla de manera reiterada las obligaciones de pago de cantidad que le correspondan podrán imponérsele por el letrado o letrada de la Administración de Justicia multas coercitivas, con arreglo a lo dispuesto en el artículo 711 y sin perjuicio de hacer efectivas sobre su patrimonio las cantidades debidas y no satisfechas.

2.ª En caso de incumplimiento de obligaciones no pecuniarias de carácter personalísimo, no procederá la sustitución automática por el equivalente pecuniario prevista en el apartado tercero del artículo 709 y podrán, si así lo juzga conveniente el Tribunal, mantenerse las multas coercitivas mensuales todo el tiempo que sea necesario más allá del plazo de un año establecido en dicho precepto.

3.ª El incumplimiento reiterado de las obligaciones derivadas del régimen de visitas, tanto por parte del progenitor guardador como del no guardador, podrá dar lugar a la modificación por el Tribunal del régimen de guarda y visitas siempre y cuando sea acorde con la evaluación del interés superior del menor realizada previamente.

4.ª Cuando deban ser objeto de ejecución forzosa gastos extraordinarios, no expresamente previstos en las medidas definitivas o provisionales, deberá solicitarse previamente al despacho de ejecución la declaración de que la cantidad reclamada tiene la consideración de gasto extraordinario. Del escrito solicitando la declaración de gasto extraordinario se dará vista a la contraria y, en caso de oposición dentro de los cinco días siguientes, el Tribunal convocará a las partes a una vista que se sustanciará con arreglo a lo dispuesto en los artículos 440 y siguientes y que resolverá mediante auto».

Del mismo modo los artículos 538 y siguientes de la LEC.

VI.- FONDO DEL ASUNTO

La ejecución ha de **despacharse** frente a D./D.ª [NOMBRE_PARTE_CONTRARIA].

En virtud del **artículo 518 de la LEC**, «la acción ejecutiva fundada en sentencia, en resolución del tribunal o del letrado de la Administración de Justicia que apruebe una transacción judicial o un acuerdo alcanzado en el proceso, en resolución arbitral o en acuerdo de mediación caducará si no se interpone la correspondiente demanda ejecutiva dentro de los cinco años siguientes a la firmeza de la sentencia o resolución».

En cuanto a los intereses, el **artículo 576 de la LEC** señala que desde que fuere dictada en primera instancia, toda sentencia o resolución que condene al pago de una cantidad de dinero líquida determinará, en favor del acreedor, el devengo de un interés anual igual al del interés legal del dinero incrementado en dos puntos o el que corresponda por pacto de las partes o por disposición especial de la ley.

Por su parte, el art. 774.5 de la LEC establece la eficacia de las medidas definitivas desde el momento en que se hubiese dictado la sentencia, tal y como dispone el TS, en sentencia n.º 371/2018, de 19 de junio, ECLI:ES:TS:2018:2294: «cada resolución habrá de despegar eficacia desde que se dicte, siendo solo la primera resolución que fije la pensión de alimentos la que podrá imponer el pago desde la fecha de interposición de la demanda (porque hasta esa fecha no estaba determinada la obligación)».

A este respecto, la sentencia de la Audiencia Provincial de Girona de fecha 29 de febrero de 2012, ECLI:ES:APGI:2012:34A, reza como sigue:

> «La necesaria conciliación de ambos preceptos exige una interpretación sistemática de los mismos. El artículo 774, cuyo apartado quinto, como hemos visto, excluye del efecto suspensivo del recurso a las medidas adoptadas en la sentencia, relaciona en su apartado cuarto las medidas que debe contener la misma que son las que hayan de sustituir a las ya adoptadas con anterioridad en relación con los hijos, la vivienda, las cargas del matrimonio, disolución del régimen económico y las cautelas o garantías respectivas, estableciendo las que procedan si para alguno de estos conceptos no se hubiera adoptado ninguna. **Estas medidas, las relativas a los hijos**, vivienda, cargas y disolución, **son directamente ejecutables desde el momento en que se dicta la sentencia, resultando de aplicación, no las previsiones de los artículos 524 y siguientes de la LEC**, sino las de los artículos 538 y siguientes. Las demás medidas, como la relativa a la pensión compensatoria, indemnización por nulidad del matrimonio o compensación por desequilibrio patrimonial regulado en el Código de Familia, se encuadran dentro de los pronunciamientos que regulan las obligaciones y relaciones patrimoniales relacionadas con lo que sea objeto principal del proceso, a que se refiere el artículo 525 de la LEC que es susceptible de ejecución provisional". **La consecuencia de todo ello es que, en este caso, aun cuando la sentencia de divorcio haya sido objeto de recurso, la parte a quien interese puede pedir ante el juzgado de primera instancia que la dictó la ejecución definitiva, que no provisional, de las medidas acordadas en sentencia en cuanto a régimen de visitas y pensión de alimentos, así como que se deje sin efecto la ejecución del auto de medidas provisionales».**

VII.- EMBARGO

Esta parte solicita embargo de los bienes del ejecutado en la cantidad de [CANTIDAD] euros más [CANTIDAD] euros en los que se fijan provisionalmente los intereses y costas de esta ejecución, y sin perjuicio de ulterior liquidación de los mismos. Total [CANTIDAD] euros.

A este respecto, interesamos el embargo de:

- Salario que el ejecutado/a percibe por su trabajo en [NOMBRE], con sede en [LOCALIDAD] en la cantidad de [CANTIDAD] euros mensuales, para hacer frente a las futuras obligaciones. A este efecto, se deberá requerir a su empleador para que practique mensualmente la retención indicada (más la que se acuerde para liquidar la deuda atrasada), ordenando el ingreso de esa cantidad en la cuenta de mi representada abierta en la entidad [NOMBRE]con el n.º [NUMERO].

- Bienes (susceptibles de embargo, artículo 592 de la LEC), y sin perjuicio de los que se pudieran encontrar si los que citamos resultan insuficientes, esta parte designa los siguientes:
  - [DESCRIPCIÓN].
  - [DESCRIPCIÓN].
  - [DESCRIPCIÓN].

Si los bienes detallados en el ordinal precedente no resultaran suficientes para cubrir la suma reclamada, interesamos que por el juzgado se acuerden las siguientes medidas de investigación judicial para averiguación de los bienes, ingresos y derechos de los que pueda ser titular D./D.ª [NOMBRE PARTE CONTRARIA].

Además, deberá acordarse la retención mensual de su nómina de [CANTIDAD] euros para asegurar los pagos de las obligaciones futuras. Para ello, deberá tenerse en cuenta lo establecido en el artículo 608 de la LEC que, en materia de prestación alimenticia, prescinde de los límites para los embargos de sueldos y pensiones fijados en el artículo 607 del mismo texto legal.

VIII.- COSTAS E INTERESES

Corresponderá su pago al ejecutado, de conformidad con el artículo 539 de la LEC. En cuanto a los intereses procesales, resulta de aplicación el artículo 576 de la LEC.

Por lo expuesto,

SUPLICO AL JUZGADO/A LA SECCIÓN:

Que tenga por presentado este escrito con sus copias y documentos, se sirva a admitirlo y tenga por presentada **DEMANDA DE EJECUCIÓN DE TÍTULO JUDICIAL** frente a [NOMBRE_PARTECONTRARIA] para que, previos los trámites legales oportunos, dicte auto despachando ejecución:

1.º De la cantidad de [NÚMERO] euros de principal en concepto de atrasos y actualizaciones de la pensión de alimentos más intereses de [NÚMERO] euros.

2.º De la cantidad de [NÚMERO] euros fijados provisionalmente en concepto de intereses y costas de esta ejecución **(2)**.

Por ser justicia que pido en [LOCALIDAD] a [DÍA] de [MES] de [AÑO].

Letrado/a D./D.ª [NOMBRE]	Procurador/a D./D.ª [NOMBRE]
[NÚMERO_COLEGIADO ABOGADO_ CLIENTE]	[NÚMERO_COLEGIADO_PROCURA- DOR_CLIENTE]

OTROSÍ DIGO PRIMERO: al amparo del artículo 549.1.3.º LEC «Los bienes del ejecutado susceptibles de embargo de los que tuviere conocimiento y, en su caso, si los considera suficientes para el fin de la ejecución» **(3)**.

En su virtud,

SUPLICO AL JUZGADO/A LA SECCIÓN:

Tenga por efectuada la anterior manifestación a los efectos oportunos.

Por ser de justicia, fecha y lugar *ut supra*.

Letrado/a D./D.ª [NOMBRE]	Procurador/a D./D.ª [NOMBRE]
[NÚMERO_COLEGIADO ABOGADO_ CLIENTE]	[NÚMERO_COLEGIADO_PROCURA- DOR_CLIENTE]

OTROSÍ DIGO SEGUNDO: solicitamos al amparo del artículo 776.1.ª LEC que el letrado de la Administración de Justicia aperciba al ejecutado/a de que si persiste en su incumplimiento se le impondrán multas coercitivas con arreglo a lo dispuesto en el artículo 711 y sin perjuicio de hacer efectivas sobre su patrimonio las cantidades debidas y no satisfechas.

En consecuencia,

SUPLICO AL JUZGADO/A LA SECCIÓN:

Tenga por efectuada la anterior manifestación a los efectos oportunos.

Por ser de justicia, fecha y lugar *ut supra*.

Letrado/a D./D.ª [NOMBRE]   Procurador/a D./D.ª [NOMBRE]
[NÚMERO_COLEGIADO ABOGADO_   [NÚMERO_COLEGIADO_PROCURA-
CLIENTE]   DOR_CLIENTE]

OTROSÍ DIGO TERCERO: siendo intención de esta parte cumplir con todos los requisitos legales, a tenor de lo previsto en el artículo 231 de la Ley de Enjuiciamiento Civil, se solicita se le diere traslado de cualquier defecto que adoleciere este recurso, para la inmediata subsanación de la misma.

Por ello,

SUPLICO AL JUZGADO/A LA SECCIÓN:

Que tenga por efectuada la anterior manifestación a los efectos oportunos.

Por ser de justicia, fecha y lugar *ut supra*.

Letrado/a D./D.ª [NOMBRE]   Procurador/a D./D.ª [NOMBRE]
[NÚMERO_COLEGIADO ABOGADO_   [NÚMERO_COLEGIADO_PROCURA-
CLIENTE]   DOR_CLIENTE]

---

(1) El RD-ley 6/2023, de 19 de diciembre, modifica el artículo 776 de la LEC con entrada en vigor el 20/03/2024. El extracto mostrado en este formulario constituye la versión vigente desde esa fecha.

(2) El artículo 575.1 de la LEC dispone que «la ejecución se despachará por la cantidad que se reclame en la demanda ejecutiva en concepto de principal e intereses ordinarios y moratorios vencidos, incrementada por la que se prevea para hacer frente a los intereses que, en su caso, puedan devengarse durante la ejecución y a las costas de ésta. La cantidad prevista para estos dos conceptos, que se fijará provisionalmente, no podrá superar el 30 por 100 de la que se reclame en la demanda ejecutiva, sin perjuicio de la posterior liquidación».

(3) Indicar bienes si se conocen. Si no se conocen, se solicitará al juzgado las medidas de localización e investigación que interese al amparo del artículo 590 de la LEC. El RD-ley 6/2023, de 19 de diciembre, modifica el artículo 549.1.3.º de la LEC con entrada en vigor el 20/03/2024.

(4) Por la reforma realizada por la LO 1/2025, de 2 de enero, una vez implantados de forma efectiva los tribunales de instancia (D.T. 1.ª), todas las referencias realizadas a los juzgados unipersonales se entenderán realizadas a las secciones del orden jurisdiccional correspondiente de los tribunales de instancia. En este caso, el art. 86 de la LOPJ atribuye esta materia a la Sección de Familia, Infancia y Capacidad.

Escrito solicitando la ampliación de la ejecución de pensión de alimentos y gastos extraordinarios

> **A TENER EN CUENTA.** Por la reforma realizada por la LO 1/2025, de 2 de enero, una vez implantados de forma efectiva los tribunales de instancia (D.T. 1.ª), todas las referencias realizadas a los juzgados unipersonales se entenderán realizadas a las secciones del orden jurisdiccional correspondiente de los tribunales de instancia. En este caso, el art. 86 de la LOPJ atribuye esta materia a la Sección de Familia, Infancia y Capacidad.

Ejecución de títulos [NUM_EJECUCIÓN]

AL JUZGADO DE PRIMERA INSTANCIA N.º [NÚMERO] DE [LUGAR]/SECCIÓN DE FAMILIA DEL TRIBUNAL DE INSTANCIA DE [ESPECIFICAR] (1)

D./D.ª [NOMBRE_PROCURADOR_CLIENTE] en representación de D./D.ª [NOMBRE_CLIENTE] y bajo dirección letrada de D./D.ª [NOMBRE_ABOGADO_CLIENTE], en la representación que tengo acreditada, ante este juzgado/esta sección y como mejor proceda en derecho,

DIGO

Por la presente, y siguiendo las expresas instrucciones de mi poderdante, formulamos **SOLICITUD DE AMPLIACIÓN DE EJECUCIÓN Y MEJORA DE EMBARGO.** Y ello sobre la base de los siguientes,

HECHOS

PRIMERO.- A fecha [FECHA], esta parte instó demanda de ejecución de sentencia contra D./D.ª [NOMBRE_PARTECONTRARIA].

SEGUNDO.- Por resolución de fecha [FECHA] por ese juzgado/esa sección se decretó el despacho de ejecución sobre los bienes del deudor en cantidad suficiente para cubrir la cantidad de [CANTIDAD] correspondientes a [DESCRIPCIÓN] en concepto de principal más [CANTIDAD] para intereses y costas.

TERCERO.- Que en fecha [FECHA], se llevó a cabo la vista prevista en el artículo 560 de la LEC a fin de fijar la cantidad adeudada a efectos de ejecución, llegando las partes a un acuerdo que fijaba como cantidad adeudada hasta la fecha de presentación de la demanda de ejecución el pasado [FECHA] en [CANTIDAD] euros como principal.

CUARTO.- Que a fecha de presentación de esta ampliación de ejecución se han vencido nuevas pensiones de alimentos (estipulación [NÚMERO]) y nuevas mensualidades correspondientes al pago destinado a la disolución de matrimonio (estipulación [NÚMERO]) que no han sido abonadas por el aquí ejecutado.

QUINTO.- La cantidad total que es objeto de la ampliación de la ejecución que solicita la presente parte asciende a [FECHA], en concepto de principal, más [FECHA]

fijados provisionalmente para intereses y costas ([PORCENTAJE] % del principal), lo que hace un total de [CANTIDAD].

Por lo tanto, el montante de la cantidad adeudada se desglosa de la siguiente manera:

1. Por lo que se refiere a la pensión de alimentos.

[TEXTO SENTENCIA EN CUANTO PENSIÓN ALIMENTOS]

En concepto de pensión de alimentos, se adeudan hasta el momento [CANTIDAD], correspondientes a: [DESCRIPCIÓN].

Aportamos como documento número [NÚMERO] un extracto bancario de la cuenta de [NÚMERO_CUENTA] correspondiente al año [AÑO] y como documento número [NÚMERO] extracto bancario del año [AÑO] hasta la fecha. Adjuntamos como documento número tres actualización de renta del Instituto Nacional de Estadística.

Asimismo, a estos importes deben añadirse los correspondientes a los establecidos por el artículo 576.1 de la Ley de Enjuiciamiento Civil:

> «Desde que fuere dictada en primera instancia, toda sentencia o resolución que condene al pago de una cantidad de dinero líquida determinará, en favor del acreedor, el devengo de un interés anual igual al del interés legal del dinero incrementado en dos puntos o el que corresponda por pacto de las partes o por disposición especial de la ley».

Se aporta como documento número [NÚMERO], los cálculos de intereses mensuales. Así pues, la deuda a fecha de presentación de esta demanda en concepto de pensión de alimentos asciende a [CANTIDAD].

2. En cuanto a los gastos extraordinarios.

[TEXTO SENTENCIA EN CUANTO GASTOS EXTRAORDINARIOS]

En concepto de gastos extraordinarios, se adeudan hasta el momento [CANTIDAD], correspondientes a: [DESCRIPCIÓN].

Se aportan como **documentos n.º** [NÚMERO] a [NÚMERO] documentos acreditativos de estos gastos. Todos ellos fueron aceptados de forma previa por parte de ambos progenitores.

Cabe destacar que [NOMBRE_PARTE_CONTRARIA] ha venido abonando cantidades en pago de estos conceptos correspondientes a estos meses, lo cual acredita que son actividades autorizadas por el mismo. Se aportan dichos justificantes como documentos número [NÚMERO]. Asimismo, constan los ingresos realizados por estos conceptos en otras fechas en los extractos aportados como documental uno y dos.

SEXTO.- A la vista de lo manifestado, queda acreditado que, a fecha de hoy, [FECHA], se adeudan las cantidades siguientes en concepto de principales: [DESCRIPCIÓN Y CANTIDADES].

A todas estas cuantías debe añadirse un [PORCENTAJE] % como cuantía fijada provisionalmente para intereses y costas de la ejecución.

SÉPTIMO.- Teniendo en cuenta los intereses legítimos de mi patrocinado, interesa a la presente parte que se amplíe automáticamente la ejecución, por el importe correspondiente a los nuevos vencimientos que vengan siendo impagados por el ejecutado e intereses correspondientes.

A los anteriores hechos son de aplicación los siguientes,

FUNDAMENTOS DE DERECHO

I.- AMPLIACIÓN DE LA EJECUCIÓN

Que según el artículo 578.1 de la Ley de Enjuiciamiento Civil, «si, despachada ejecución por deuda de una cantidad líquida venciera algún plazo de la misma obligación en cuya virtud se procede, o la obligación en su totalidad, se entenderá ampliada la ejecución por el importe correspondiente a los nuevos vencimientos de principal e intereses, si lo pidiere así el actor y sin necesidad de retrotraer el procedimiento».

II.- INTERESES POR MORA PROCESAL

Señala el art. 576.1 de la Ley de Enjuiciamiento Civil que, «desde que fuere dictada en primera instancia, toda sentencia o resolución que condene al pago de una cantidad de dinero líquida determinará, en favor del acreedor, el devengo de un interés anual igual al del interés legal del dinero incrementado en dos puntos o el que corresponda por pacto de las partes o por disposición especial de la ley».

III.- INTERESES DE LA EJECUCIÓN

Resulta de aplicación el art. 575 de la Ley de Enjuiciamiento Civil:

«1. La ejecución se despachará por la cantidad que se reclame en la demanda ejecutiva en concepto de principal e intereses ordinarios y moratorios vencidos, incrementada por la que se prevea para hacer frente a los intereses que, en su caso, puedan devengarse durante la ejecución y a las costas de ésta. La cantidad prevista para estos dos conceptos, que se fijará provisionalmente, no podrá superar el 30 por 100 de la que se reclame en la demanda ejecutiva, sin perjuicio de la posterior liquidación.

Excepcionalmente, si el ejecutante justifica que, atendiendo a la previsible duración de la ejecución y al tipo de interés aplicable, los intereses que puedan devengarse durante la ejecución más las costas de ésta superaran el límite fijado en el párrafo anterior, la cantidad que provisionalmente se fije para dichos conceptos podrá exceder del límite indicado.

1 bis. En todo caso, en el supuesto de ejecución de vivienda habitual las costas exigibles al deudor ejecutado no podrán superar el 5 por cien de la cantidad que se reclame en la demanda ejecutiva.

2. Sin perjuicio de la pluspetición que pueda alegar el ejecutado, el tribunal no podrá denegar el despacho de la ejecución porque entienda que la cantidad debida es distinta de la fijada por el ejecutante en la demanda ejecutiva.

3. Sin embargo, no se despachará ejecución si, en su caso, la demanda ejecutiva no expresase los cálculos a que se refieren los artículos anteriores o a ella no se acompañasen los documentos que estos preceptos exigen».

IV.- MEJORA DE EMBARGO

Que establece el artículo 578.3 de la LEC que la ampliación de la ejecución será razón suficiente para la mejora del embargo y podrá hacerse constar en la anotación preventiva de este conforme a lo dispuesto en el apartado 4 del artículo 613 de esta ley.

V.- EJECUCIÓN POR CONDENA A PRESTACIÓN ALIMENTICIA

El art. 608 de la LEC prevé que lo dispuesto en el artículo 607 no será de aplicación cuando se proceda por ejecución de sentencia que condene al pago de alimentos, en todos los casos en que la obligación de satisfacerlos nazca directamente de la Ley, incluyendo los pronunciamientos de las sentencias dictadas en procesos de nulidad, separación o divorcio sobre alimentos debidos al cónyuge o a los hijos o de los decretos o escrituras públicas que formalicen el convenio regulador que los establezcan. En estos casos, así como en los de las medidas cautelares correspondientes, el tribunal fijará la cantidad que puede ser embargada.

VI.- *IURA NOVIT CURIA* y *DA MIHI FACTUR ET EGO TIBI DABO IUS*

En virtud de los cuales, los juzgadores pueden aplicar las normas jurídicas que estimen pertinentes, siempre que se ajusten a las pretensiones de las partes oportunamente aducidas en el pleito.

VII.- COSTAS

Resultan de aplicación en materia de costas los artículos 539 y 583 de la LEC.

En su virtud,

SUPLICO AL JUZGADO/A LA SECCIÓN:

Que con admisión del presente escrito, sus copias y documentos y traslado a la parte contraria, se acuerde:

a) **DECRETAR LA CORRESPONDIENTE AMPLIACIÓN DE EJECUCIÓN** y mejora de embargo sobre los bienes del deudor en cantidad suficiente para cubrir [CANTIDAD] correspondientes a [DESCRIPCIÓN] en concepto de principal, más [CANTIDAD] para intereses y costas que deberán ser impuestas expresamente a la parte ejecutada. Todo ello POR LAS CANTIDADES ADEUDADAS EN CONCEPTO DE PENSIÓN DE ALIMENTOS; y, sin necesidad de requerimiento personal.

b) **DECRETAR LA CORRESPONDIENTE AMPLIACIÓN DE EJECUCIÓN** y mejora de embargo sobre los bienes del deudor en cantidad suficiente para cubrir [CANTIDAD] correspondientes a [DESCRIPCIÓN], en concepto de principal, más [CANTIDAD] para intereses y costas que deberán ser impuestas expresamente a la parte ejecutada. Todo ello por las cantidades adeudadas en concepto de gastos extraordinarios; tras los trámites establecidos en el artículo 776 de la Ley de Enjuiciamiento Civil.

c) **Que una vez realizadas dichas diligencias, se proceda al pago a mi patrocinada del pago de la cantidad reclamada.**

OTROSÍ DIGO PRIMERO: al amparo del art. 231 LEC esta parte manifiesta su voluntad de corregir cualquier defecto de carácter procesal en que pudieran haber incurrido.

OTROSÍ DIGO SEGUNDO: interesa a esta parte se lleve a cabo los trámites establecidos en el art. 776.4 LEC a fin de declarar la cantidad reclamada en concepto de gastos extraordinarios.

OTROSÍ DIGO TERCERO: Por desconocimiento de la existencia de bienes, al amparo del artículo 589 LEC, se interesa: SE REQUIERA A LA PARTE EJECUTADA a fin de manifestar relación de bienes y derechos suficientes para cubrir la cuantía de la ejecución, con expresión, en su caso, de cargas y gravámenes, así como, en el caso de inmuebles, si están ocupados, por qué personas y con qué título. Y todo ello, bajo apercibimiento de las sanciones que pueden imponérsele.

OTROSÍ DIGO CUARTO: en cumplimiento de lo previsto en los artículos 549.1.4.°, 590 y 591 LEC, interesa SE ACUERDE LA PRÁCTICA DE MEDIDAS DE INVESTIGACIÓN recabando datos de los organismos y registros siguientes:

1.- A la TGSS, por medio de consulta telemática, información de [ESPECIFICAR].

2.- A la DELEGACIÓN DE HACIENDA, información de [ESPECIFICAR].

3.- A la JEFATURA PROVINCIAL DE TRÁFICO, si [NOMBRE_PARTECONTRARIA] es propietario de algún vehículo.

4.- A la entidad bancaria [NOMBRE_EMPRESA] domiciliada [DOMICILIO_SOCIAL], si existen tarjetas de crédito a nombre de [NOMBRE_PARTECONTRARIA] y, en caso afirmativo, con qué entidad tiene dicha tarjeta y el número de cuenta corriente.

5.- A la GERENCIA TERRITORIAL DEL CENTRO DE GESTIÓN CATASTRAL Y COOPERACIÓN TRIBUTARIA (área metropolitana), para que faciliten la descripción y situación de los inmuebles o fincas que según sus registros puedan corresponder al ejecutado.

Por todo lo expuesto, nuevamente,

AL JUZGADO/A LA SECCIÓN SUPLICO:

Que provea de conformidad con lo solicitado.

Por ser justicia que se pide en [CIUDAD] a [FECHA].

<table>
<tr><td>Letrado/a D./D.ª [NOMBRE]</td><td>Procurador/a D./D.ª [NOMBRE]</td></tr>
<tr><td>[NÚMERO_COLEGIADO ABOGADO_
CLIENTE]</td><td>[NÚMERO_COLEGIADO_PROCURA-
DOR_CLIENTE]</td></tr>
</table>

---

(1) Por la reforma realizada por la LO 1/2025, de 2 de enero, una vez implantados de forma efectiva los tribunales de instancia (D.T. 1.ª), todas las referencias realizadas a los juzgados unipersonales se entenderán realizadas a las secciones del orden jurisdiccional correspondiente de los tribunales de instancia. En este caso, el art. 86 de la LOPJ atribuye esta materia a la Sección de Familia, Infancia y Capacidad.

Contestación a demanda de modificación de medidas de divorcio con reconvención. Aumento pensión de alimentos

A TENER EN CUENTA. Por la reforma realizada por la LO 1/2025, de 2 de enero, una vez implantados de forma efectiva los tribunales de instancia (D.T. 1.ª), todas las referencias realizadas a los juzgados unipersonales se entenderán realizadas a las secciones del orden jurisdiccional correspondiente de los tribunales de instancia. En este caso, el art. 86 de la LOPJ atribuye esta materia a la Sección de Familia, Infancia y Capacidad.

Procedimiento: modificación de medidas definitivas

Número: [NÚMERO]/[AÑO]

AL JUZGADO DE PRIMERA INSTANCIA N.º [NÚMERO] **DE** [LOCALIDAD]/**SECCIÓN DE FAMILIA DEL TRIBUNAL DE INSTANCIA DE** [ESPECIFICAR] **(5)**

D./D.ª [NOMBRE PROCURADOR CLIENTE], procurador/a de los tribunales, en nombre y representación de **D./D.ª** [NOMBRE CLIENTE], con domicilio sito en [DOMICILIO CLIENTE], y con DNI [NÚMERO], representación que ostento en virtud de poder [*APUD ACTA*/NOTARIAL], copia que del mismo se acompaña como **documento n.º** [NÚMERO], bajo la dirección letrada de **D./D.ª** [NOMBRE ABOGADO CLIENTE] colegiado/a n.º [NÚMERO] por el ICA de [LOCALIDAD], ante este juzgado/esta sección comparezco y, como mejor proceda en derecho,

DIGO

Que habiendo sido notificada en [FECHA] DEMANDA DE MODIFICACIÓN DE MEDIDAS interpuesta por **D./D.ª** [NOMBRE PARTE CONTRARIA], por medio del presente escrito y dentro del plazo legalmente establecido al efecto venimos a interponer, **CONTESTACIÓN A LA DEMANDA CON OPOSICIÓN A LA MISMA**, y ello con relación a los siguientes,

HECHOS

PREVIO.- Para oponemos a la totalidad de los hechos indicados de adverso con excepción de los que declaremos expresamente como correctos en la presente.

PRIMERO.- Conformes con el correlativo, (matrimonio, hijos) así como que en el procedimiento [ESPECIFICAR] se dictaron las medidas [ESPECIFICAR], que ahora la adversa interesa modificar.

SEGUNDO.- Disconformes con el correlativo, puesto que se interesa la modificación de la cuantía de la pensión alimenticia a favor de los hijos menores de ambos actuantes, en principio mediante la extinción de la misma, en segundo lugar y de forma subsidiaria, la reducción de la cuantía.

Cuantía que se estableció en el procedimiento referido en [CANTIDAD EN LETRA] euros ([CANTIDAD EN NÚMERO] ?), y ello en atención a la situación de ambos contrayentes que, citando literalmente lo expuesto en la sentencia [DESCRIBIR].

A esta resolución se llegó en atención a la prueba practicada, prueba que la adversa intentaba sustraer de la actividad indagatoria tanto judicial como de esta parte.

TERCERO.- En relación al anterior hecho, y en consideración a la situación de la actora, debemos indicar que no solo no ha empeorado, sino que ha mejorado notablemente tal y como se desprende de la prueba que aportamos como **documento número** [NÚMERO] **(1)**.

CUARTO.- Y no solo lo expuesto, sino que, tal y como se expondrá en la preceptiva reconvención que interponemos con la presente, los hijos menores han alcanzado una situación donde los gastos han aumentado con respecto a los necesitados en el momento de establecimiento de las medidas, toda vez que [ESPECIFICAR].

A los anteriores hechos, son de aplicación los siguientes,

FUNDAMENTOS DE DERECHO

I.- JURISDICCIÓN Y COMPETENCIA

Conforme con el correlativo, al ser de aplicación lo estipulado en los arts. 21 y ss. de la LOPJ, así como lo establecido en al art. 36 de la LEC, resultando competente el juzgado/la sección al que me dirijo de conformidad con lo dispuesto en los artículos 775 de la LEC.

II.- CAPACIDAD Y LEGITIMACIÓN

Conforme con el correlativo, al poseer ambas partes capacidad y legitimación suficiente de conformidad con lo estipulado en los arts. 6, 10 y 775.1 de la Ley de Enjuiciamiento Civil.

III.- REPRESENTACIÓN

Conformes con el correlativo, las partes deberán comparecer por medio de procurador y asistidas de letrado, de conformidad con lo expuesto en el art. 750 de la LEC.

IV.- PROCEDIMIENTO

Conformes con la sustanciación del proceso por los trámites establecidos en el artículo 770.1.ª y 770.2.ª de la LEC, de conformidad con la remisión establecida en el artículo 775 del mismo texto legal.

> «A la demanda deberá acompañarse certificación de la inscripción del matrimonio, y en su caso, las de inscripción de nacimiento de los hijos en el Registro Civil, así como los documentos en que el cónyuge funde su derecho. Si se solicitan medidas de carácter patrimonial, tanto la parte actora como la parte demandada deberán aportar los documentos de que dispongan que permitan evaluar la situación económica de los cónyuges, y en su caso, de los hijos, tales como declaraciones tributarias, nóminas, certificaciones bancarias, títulos de propiedad o certificaciones registrales. De igual forma se deberá acreditar, de existir, la resolución judicial o acuerdo en virtud del cual corresponde el uso de la vivienda familiar». (770.1.ª de la LEC) **(3)**.

V.- INTERVENCIÓN DEL MINISTERIO FISCAL

Resulta preceptiva la misma, de conformidad con lo dispuesto en el **art. 749 de la LEC**, al existir hijos menores.

VI.- FONDO DEL ASUNTO

Conforme al **artículo 775 de la** LEC:

> «El Ministerio Fiscal, habiendo hijos menores o hijos con discapacidad con medidas de apoyo atribuidas a sus progenitores y, en todo caso, los cónyuges, podrán solicitar del Tribunal que acordó las medidas definitivas, la modificación de las medidas convenidas por los cónyuges o de las adoptadas en defecto de acuerdo, **siempre que hayan variado sustancialmente las circunstancias tenidas en cuenta al aprobarlas o acordarlas**
> Estas peticiones se tramitarán conforme a lo dispuesto en el artículo 770. No obstante, si la petición se hiciera por ambos cónyuges de común acuerdo o por uno con el consentimiento del otro y acompañando propuesta de convenio regulador, regirá el procedimiento establecido en el artículo 777.
> Las partes podrán solicitar, en la demanda o en la contestación, la modificación provisional de las medidas definitivas concedidas en un pleito anterior. Esta petición se sustanciará con arreglo a lo previsto en el artículo 773».

El artículo 146 del Código Civil (CC) reconoce que la cuantía de los alimentos será **proporcionada al caudal o medios de quien los da y a las necesidades de quien los recibe.**

Por otro lado, el **artículo 152.2** de ese mismo texto legal, dentro de las causas que harán cesar la obligación de dar alimentos, establece que:

> «Cuando la fortuna del obligado a darlos se hubiere reducido hasta el punto de no poder satisfacerlos sin desatender sus propias necesidades y las de su familia».

Como queda acreditado en los documentos aportados, **no se ha producido esa alteración sustancial de las circunstancias que se tuvieron en cuenta en el momento del establecimiento de la pensión alimenticia, y que justifique una reducción, ni ya mucho menos la extinción de la pensión alimenticia establecida,** ya que [DESCRIPCIÓN].

La modificación de medidas en derecho de familia exige el inexcusable cumplimiento de una serie de requisitos; entre otras muchas, **sentencia de la Audiencia Provincial de Girona n.º 916/2020, de 25 de junio, ECLI:ES:APGI:2020:1034:**

> «Como es de sobras conocido, los requisitos para la modificación de medidas en derecho de familia que se viene exigiendo son:
> 1.- Que haya tenido lugar un cambio en el conjunto de circunstancias consideradas al tiempo de adoptarse las medidas. Es decir que desde que se adoptaron las medidas al momento en el que se solicita la modificación se haya producido un cambio de circunstancias.
> 2.- Que el cambio de circunstancias sea sustancial, importante o fundamental.
> 3.- Que la alteración o variación, afecte a las circunstancias que fueron tenidas en cuenta por las partes o el Juez en la adopción de las medidas e influyeron como un presupuesto de su determinación. Requisitos para la modificación de medidas en derecho de familia.
> 4.- Que la alteración de las circunstancias evidencie signos de permanencia de modo que permita distinguirla de un cambio meramente coyuntural o transitorio de las circunstancias tenidas en cuenta en la adopción de las medidas».

En el supuesto analizado, es evidente la no concurrencia de dichas circunstancias, máxime cuando, en todo caso, el cambio de las circunstancias ha tenido lugar en base a un **incremento en las condiciones económicas del alimentante** y no al contrario, tal y como pretende hacer ver.

El **Tribunal Supremo, en sentencia n.º 55/2015, de 12 de febrero, ECLI:ES:TS:2015:439** indica lo siguiente:

> «De inicio se ha de partir de la obligación legal que pesa sobre los progenitores, que está basada en un principio de solidaridad familiar y que tiene un fundamento constitucional en el artículo 39.1 y 3 CE, y que es de la de mayor contenido ético del ordenamiento jurídico (SSTS de 5 de octubre de 1993 y 8 de noviembre de 2013). De ahí, que se predique un tratamiento jurídico diferente según sean los hijos menores de edad, o no, pues al ser menores más que una obligación propiamente alimenticia lo que existen son deberes insoslayables inherentes a la filiación, que resultan incondicionales de inicio con independencia de la mayor o menor dificultad que se tenga para darle cumplimiento o del grado de reprochabilidad en su falta de atención.
>
> Por tanto, ante una situación de dificultad económica habrá de examinarse el caso concreto y revisar la Sala si se ha conculcado el juicio de proporcionalidad del artículo 146 del CC (STS 16 de diciembre de 2014, Rc. 2419/2013). (...)
>
> Consecuencia de ello es que en la revisión del juicio de proporcionalidad no se aprecia que proceda la cesación o suspensión de la obligación alimenticia respecto del hijo menor de edad. La STS de 5 de octubre de 1993 desestimó, como también se decide en esta, la cesación de tal obligación, si bien advertía: "sin que ello signifique que en los casos en que realmente el obligado a prestar alimentos al hijo menor de edad carezca de medios para, una vez atendidas sus necesidades más perentorias, cumplir su deber paterno, no pueda ser relevado, por causa de imposibilidad, del cumplimiento de esta obligación, lo que aquí no acontece"».

No obstante, como hemos dicho, habida cuenta el incremento en las condiciones económicas del demandante obligado al pago, **no solo no se debe reducir la pensión alimenticia, sino aumentar la misma.** A este respecto, a título de ejemplo, la **sentencia de la Audiencia Provincial de Lérida n.º 439/2018 de 18 de octubre, ECLI:ES:APL:2018:709** dispone lo siguiente:

> «En el presente caso estamos ante un procedimiento de modificación de medidas de los previstos en el art.775 de la LEC que se sustenta en un cambio sustancial en las circunstancias que se daban en el momento de acordarse las medidas definitivas (sentencia de 29 de enero de 2016). Por tanto, la modificación solicitada únicamente podrá tener lugar cuando se sustente en la aparición de hechos o situaciones nuevas, imprevistas, o que no fueron tenidas en cuenta al establecer la medida cuya revisión se insta, y se trate de una alteración trascendente, de relativa importancia que, además, revista un cierto grado de permanencia y duración en el tiempo, no transitoria ni meramente coyuntural. Y en todo caso la pretensión de modificación está condicionada a la cumplida acreditación por parte de quien demanda (art. 217-3 de la LEC) de que la alteración, con los requisitos dichos, ha tenido lugar, generando una variación de la situación persistente al tiempo de adoptar la medida que se quiere modificar.
>
> (...)
>
> El motivo fundamental para incrementar el importe de la pensión alimenticia viene constituida por la mejora en las condiciones laborales y económicas del progenitor, desprendiéndose de la prueba practicada que tiene una actividad laboral que sin duda le reporta ingresos, aunque sea en la economía sumergida».

VII.- *IURA NOVIT CURIA*

En todo lo no invocado, resulta de aplicación el principio *iura novit curia*, plasmado en el párrafo segundo del punto primero del artículo 218 de la Ley de Enjuiciamiento Civil, en virtud del cual serán aplicables las demás normas que sean de pertinente, especial o general aplicación, y que el juzgador podrá tener en cuenta de oficio sin necesidad de que hayan sido previamente alegados o invocados por alguna de las partes intervinientes.

VIII.- COSTAS

De conformidad con el artículo 394 de la LEC, las costas deberán ser impuestas a la adversa.

En su virtud,

SUPLICO AL JUZGADO/A LA SECCIÓN:

Que tenga por presentado este escrito, junto con sus documentos y copias, lo admita, y proceda a darle traslado a la parte demandante y al Ministerio Fiscal, y se me tenga como comparecido/a y parte en la representación que ostento, entendiéndose conmigo las sucesivas actuaciones, y tenga por formulada la presente **CONTESTACIÓN A LA DEMANDA DE MODIFICACIÓN DE MEDIDAS DEFINITIVAS** y, previos los trámites oportunos, se dicte sentencia por la que se desestime íntegramente la demanda que se ha contestado.

Por ser justicia que pido en [LOCALIDAD] a [DÍA] de [MES] de [AÑO].

Letrado/a D./D.ª [NOMBRE]	Procurador/a D./D.ª [NOMBRE]
[NÚMERO_COLEGIADO ABOGADO_CLIENTE]	[NÚMERO_COLEGIADO_PROCURADOR_CLIENTE]

OTROSÍ DIGO PRIMERO: siendo intención de esta parte cumplir con todos los requisitos legales, a tenor de lo previsto en el artículo 231 de la Ley de Enjuiciamiento Civil, se solicita se le diere traslado de cualquier defecto que adoleciere la presente demanda, para la inmediata subsanación de la misma.

Por ello,

SUPLICO AL JUZGADO/A LA SECCIÓN:

Que tenga por efectuada la anterior manifestación a los efectos oportunos.

Por ser justicia, fecha y lugar *ut supra*.

Letrado/a D./D.ª [NOMBRE]	Procurador/a D./D.ª [NOMBRE]
[NÚMERO_COLEGIADO ABOGADO_CLIENTE]	[NÚMERO_COLEGIADO_PROCURADOR_CLIENTE]

OTROSÍ DIGO SEGUNDO: en virtud del artículo **770 de la LEC**, esta parte presenta **DEMANDA RECONVENCIONAL** solicitando la modificación de la pensión de alimentos a favor de los menores [NOMBRE] y [NOMBRE], aumentando la misma a cargo de **D./D.ª [NOMBRE PARTE CONTRARIA]**, y la modificación del régimen de visitas disminuyendo las mismas, y ello con base a los siguientes,

HECHOS

PRIMERO.- Considerando y dándose por reproducidos los hechos contenidos en esta contestación de la demanda, únicamente debemos incidir tanto en la situación económica de la adversa, como en las necesidades de los menores.

Así, la adversa ha mejorado su situación en tanto en cuanto [DESCRIBIR Y APORTAR DOCUMENTAL].

Los menores tienen más gastos, y ello en relación a [DESCRIBIR Y APORTAR DOCUMENTAL].

A este último respecto, se debe mentar que mi mandante ha visto ampliados sus gastos para con los menores, y ello en tanto en cuanto [DESCRIPCIÓN Y APORTAR DOCUMENTAL].

Es por todo lo expuesto, por lo que entendemos que la pensión de alimentos se debe aumentar a [CANTIDAD EN LETRA] euros ([CANTIDAD EN NÚMERO]).

SEGUNDO.- En múltiples ocasiones, el demandado no ha cumplido la obligación para con los menores, no ejercitando sus derechos de visitas al indicar el ahora reconvenido no poder hacerse cargo de los menores y solicitando que mi mandante le cambiara los días de las visitas, e incluso en numerosas ocasiones no presentándose a la recogida de los menores sin previo aviso.

En acreditación de lo expuesto se acompañan [DESCRIBIR Y APORTAR DOCUMENTAL] **(2)**.

Es por lo expuesto que entiende esta parte que lo más adecuado, atendiendo al interés superior de los menores, es que las visitas se vean reducidas a [ESPECIFICAR RÉGIMEN DE VISITAS SOLICITADO].

A estos hechos le son de aplicación los siguientes,

FUNDAMENTOS DE DERECHO

I.- JURISDICCIÓN Y COMPETENCIA

Corresponde a la jurisdicción civil según el artículo 36 de la Ley de Enjuiciamiento Civil (LEC).

El juzgado de familia/La sección de familia al/a la que me dirijo ostenta competencia objetiva y territorial por ser el órgano judicial que dictó la sentencia de medidas definitivas, de conformidad con el artículo 775.1 de la LEC.

II.- CAPACIDAD Y LEGITIMACIÓN

Ambas partes ostentan la capacidad legal prevista en el artículo 6 de la LEC, así como según los artículos 10 y 775.1 de la LEC están legitimadas las partes actuantes.

III.- POSTULACIÓN Y DEFENSA

Preceptiva la representación por medio de procurador/a y la asistencia letrada, en virtud del artículo 23 y 31 ambos de la LEC, así como de su artículo 750.

IV.- INTERVENCIÓN DEL MINISTERIO FISCAL

Es preceptiva la intervención del Ministerio Público al existir menores, de conformidad con lo dispuesto en el art. 749 de la LEC.

V.- FONDO DEL ASUNTO

Se reiteran y dan por reproducidos los obrantes en la contestación *ut supra*, en concreto, en lo relativo a la normativa como en la jurisprudencia.

El art. 776 de la Ley de Enjuiciamiento Civil, en su especialidad 3.ª dispone que:

«El incumplimiento reiterado de las obligaciones derivadas del régimen de visitas, tanto por parte del progenitor guardador como del no guardador, podrá dar lugar a la modificación por el Tribunal del régimen de guarda y visitas siempre y cuando sea acorde con la evaluación del interés superior del menor realizada previamente» (4).

El art. 94 del CC establece en su párrafo tercero que:

«La autoridad judicial adoptará la resolución prevista en los párrafos anteriores, previa audiencia del hijo y del Ministerio Fiscal. Así mismo, la **autoridad judicial podrá limitar** o suspender los derechos previstos en los párrafos anteriores si se dieran circunstancias relevantes que así lo aconsejen o **se incumplieran grave o reiteradamente los deberes impuestos por la resolución judicial**».

A la limitación de las visitas se refiere la **sentencia de la Audiencia Provincial de Alicante, n.º 129/2016, de 12 de abril, ECLI:ES:APA:2016:570,** que recoge en su fundamento de derecho segundo lo que sigue:

«Tiene razón la recurrente en que la sentencia de instancia ha infravalorado los incumplimientos del régimen de visitas imputables al padre, puesto que ha sido condenado en dos ocasiones en sentencia penal por tales incumplimientos y mientras que una de las sentencias se refiere a dos episodios puntuales (que aún así hay que entender que carecieron por completo de justificación, a diferencia de otros que también se citan en autos y se atribuyen a razones de enfermedad o análogas) la otra declara probado que el padre «incumple de forma reiterada ... retrasándose en las horas de recogida y entrega del menor, llegándose a retrasarse a veces minutos u otras veces varias horas". **Sin duda estos hechos son perturbadores para las relaciones familiares y sobre todo para el bienestar del menor, y evidencian cuando menos la imposibilidad del demandado de cumplir puntualmente las obligaciones asumidas.** Por otra parte, hay que reconocer que el convenio supone un alto grado de exigencia para el padre que podía estar justificado cuando se establecieron las visitas debido a la corta edad del menor, pero que en la actualidad tiene mucho menos sentido y que además puede interferir con los horarios y otras necesidades del niño a medida que vaya avanzando en su escolarización, participe en actividades extraescolares, etc. En función de todas estas circunstancias procede estimar en parte la demanda para reducir las visitas cuestionadas a una tarde a la semana y adaptar también su horario en los términos que se dirán en el fallo».

VI.- COSTAS

De conformidad con lo dispuesto en el art. 394 de la LEC, las costas deberán ser impuestas a la adversa.

VII.- *IURA NOVIT CURIA*

En todo lo no invocado, resulta de aplicación el principio *iura novit curia*, plasmado en el párrafo segundo del punto primero del artículo 218 de la Ley de Enjuiciamiento Civil, en virtud del cual serán aplicables las demás normas que sean de pertinente, especial o general aplicación, y que el juzgador podrá tener en cuenta de oficio sin necesidad de que hayan sido previamente alegados o invocados por alguna de las partes intervinientes.

En su virtud,

SUPLICO AL JUZGADO/A LA SECCIÓN:

Que tenga por presentado este escrito junto con sus copias y documentos adjuntos, los admita, les de la tramitación legal oportuna y, previo los trámites de rigor, dicte resolución por la que, ESTIMANDO esta demanda reconvencional, DECLARE que la pensión de alimentos a cargo de la adversa a favor de los menores [NOMBRE] y [NOMBRE], debe aumentarse a [CANTIDAD EN LETRA] euros ([CANTIDAD EN NÚMERO] euros), y el régimen de visitas debe verse reducido a [RÉGIMEN DE VISITAS SOLICITADO] con todo lo demás que sea procedente en derecho.

Todo ello con expresa imposición en costas a la adversa.

Por ser justicia que se pide en [LOCALIDAD] a [FECHA].

Letrado/a D./D.ª [NOMBRE]   Procurador/a D./D.ª [NOMBRE]
[NÚMERO_COLEGIADO ABOGADO_   [NÚMERO_COLEGIADO_PROCURA-
CLIENTE]   DOR_CLIENTE]

OTROSÍ DIGO: siendo intención de esta parte cumplir con todos los requisitos legales, a tenor de lo previsto en el artículo 231 de la Ley de Enjuiciamiento Civil, se solicita se le diere traslado de cualquier defecto que adoleciere la presente demanda, para la inmediata subsanación de la misma.

Por lo expuesto,

SUPLICO AL JUZGADO:

Tenga por efectuada la anterior manifestación a los efectos oportunos.

Por ser de justicia, fecha y lugar *ut supra*.

Letrado/a D./D.ª [NOMBRE]   Procurador/a D./D.ª [NOMBRE]
[NÚMERO_COLEGIADO ABOGADO_   [NÚMERO_COLEGIADO_PROCURA-
CLIENTE]   DOR_CLIENTE]

---

(1) Documentación acreditativa de la mejora en las condiciones económicas de la parte contraria con respecto al momento en el que fue establecida la pensión de alimentos objeto de modificación. De no disponerse de ella, puede solicitarse práctica de prueba mediante «OTROSÍ DIGO», solicitándose, testificales que acrediten los extremos alegados o la petición de que se libre atento oficio a los diferentes organismos y entidades a través de los que pueda acreditarse la percepción de ingresos de la parte contraria.

(2) Por ejemplo: ««pantallazos» de los subsiguientes «Whatsapp», los cuales se solicita sean testimoniados por parte del letrado de la administración de justicia del juzgado al que me dirijo» o, en su caso, sentencia de ejecución si se presentó y se dispone de la misma.

(3) El RD-ley 6/2023, de 19 de diciembre, modifica el artículo 770 de la LEC con entrada en vigor el 20/03/2024.

(4) El RD-ley 6/2023, de 19 de diciembre, modifica el artículo 776 de la LEC con entrada en vigor el 20/03/2024.

(5) Por la reforma realizada por la LO 1/2025, de 2 de enero, una vez implantados de forma efectiva los tribunales de instancia (D.T. 1.ª), todas las referencias realizadas a los juzgados unipersonales se entenderán realizadas a las secciones del orden jurisdiccional correspondiente de los tribunales de instancia. En este caso, el art. 86 de la LOPJ atribuye esta materia a la Sección de Familia, Infancia y Capacidad.

Recurso de apelación en procedimiento de modificación de pensión de alimentos. Reducción de pensión alimenticia

A LA AUDIENCIA PROVINCIAL DE [PROVINCIA] (1)

D./D.ª [NOMBRE_PROCURADOR_CLIENTE], procuradora de D./D.ª [NOMBRE_CLIENTE], según tengo acreditado en los autos de juicio ordinario señalados con el número [NÚMERO] seguidos a instancia de la D./D.ª [NOMBRE_PARTECONTRARIA], ante la audiencia comparezco y como mejor proceda en derecho,

DIGO

En la representación que ostento y por medio del presente escrito, dentro del plazo que me ha sido conferido, interpongo, en tiempo y forma RECURSO DE APELACIÓN contra la resolución de fecha [FECHA], de conformidad con las siguientes,

ALEGACIONES

PREVIA.- Se presenta el recurso de apelación, con base a los artículos 458 y siguientes de la Ley de Enjuiciamiento Civil.

El recurso se presenta en el plazo y en la forma prevista en la ley.

La resolución que se recurre n.º [NÚMERO] de fecha [FECHA], de dictó en procedimiento [ESPECIFICAR].

PRIMERA.- MODIFICACIÓN SUSTANCIAL DE LAS CIRCUNSTANCIAS

Esta modificación encuentra su fundamento en el art. 91 del Código Civil **(2)** y en el art. 775 de la Ley de Enjuiciamiento Civil, en cuya virtud se podrán solicitar la modificación de medidas definitivas siempre que hayan variado sustancialmente las circunstancias tenidas en cuenta al aprobarlas o acordarlas.

- En cuanto a los **requisitos para la modificación de las medidas:**

La **Audiencia Provincial de Madrid** hace referencia a los **requisitos para la modificación** en la **sentencia n.º 211/2015, de 3 de marzo, ECLI:ES:APM:2015:3082:**

> «Y es lo cierto que los referidos artículos 90 y 91 se muestran plenamente respetuosos con dicho precepto, dado que tan sólo permiten la modificación de los efectos complementarios sancionados en una sentencia firme en el supuesto de que se hayan alterado sustancialmente los factores que condicionaron su inicial adopción. Por lo cual, y conforme a una reiterada y pacífica interpretación doctrinal y judicial de tales normas, se exige, en orden al posible acogimiento de la acción modificativa, la concurrencia de los siguientes requisitos:
> 1º.- Un cambio objetivo, en cuanto al margen de la voluntad de quien insta el nuevo procedimiento, de la situación contemplada al tiempo de establecer la medida que se intenta modificar.

2º.- Que dicho cambio tenga suficiente entidad, en cuanto afectando a la esencia de la medida, y no a factores meramente periféricos o accesorios.

3º.- Que la expresada alteración no sea meramente coyuntural o episódica, ofreciendo, por el contrario, unas características de cierta permanencia en el tiempo.

4º.- Que el repetido cambio sea imprevisto, o imprevisible, lo que excluye aquellos supuestos en que, al tiempo de establecerse la medida, ya fue tenida en cuenta una posible modificación de las circunstancias».

-En cuanto a la prueba:

- La **SAP de Baleares n.º 485/2013, de 18 de diciembre, ECLI:ES:A-PIB:2013:2676**:

  «La existencia de una modificación radical de las circunstancias prevista en art. 775 Lec y 91cc ha de ser probada por quien solicita el establecimiento de nuevas medidas. En efecto, la alteración de las circunstancias debe de ser plenamente acreditada como real, descartando toda ficción, por imponerlo así la seguridad jurídica, puesto que supone dejar sin efecto en alguna medida lo acordado en una resolución judicial firme y ejecutoria. De este modo, toda la fuerza argumentativa debe concentrarse en mostrar la alteración sustancial y significativa de las circunstancias o los eventos nuevos no eludibles, utilizando para ello todos los medios de prueba admitidos en derecho, recayendo conforme al artículo 217 de la ley procesal, la carga de la prueba sobre la parte que solicita la modificación, debiendo además tenerse en cuenta que la actividad probatoria ha de dirigirse tanto al momento en que concurrían las circunstancias existentes cuando se adoptaron las medidas cuya modificación se pretende, como al momento actual, a fin de valorar si existe o no cambio en las mismas».

- La **SAP de Murcia n.º 577/2014, de 9 de octubre, ECLI:ES:APMU:2014:2122**:

  «Señala reiterada jurisprudencia de esta Sala, como más recientes las sentencias de 12 de junio (rollo de apelación civil 195/14) y 11 de septiembre de 2014 (rollo de apelación 496/14), que, en principio, los pronunciamientos dictados por los Tribunales, una vez firmes, adquieren eficacia de cosa juzgada formal (art. 207 LEC) y material (art. 222 LEC), y por ello no pueden ser variados, obligando al Tribunal que los acordó, sin permitir posteriores procedimientos sobre la misma materia entre las mismas partes. Los principios de seguridad jurídica (art. 9 CE) y de inmutabilidad de las resoluciones firmes (art. 24 CE) así lo determinan. Ahora bien, como en los procesos de familia existen medidas que han de tener vigencia a lo largo del tiempo, se prevé que el cambio de las circunstancias que las determinaron (en este caso relativo a la pensión de alimentos establecida a favor del hijo común), cuando sea sustancial (arts. 90 y 91 CC y 775 LEC), permite plantear su revisión a través de un procedimiento de modificación de medidas (art. 775 LEC), pero se trata de una excepción al principio general antes enunciado, por lo que se ha de interpretar con carácter restrictivo (art. 4.2 CC), correspondiendo la carga de la prueba a quien lo pretende».

El **artículo 146** del **Código Civil** dispone que la cuantía de los alimentos será proporcionada al caudal o medios de quien los da y a las necesidades de quien los recibe.

El **artículo 147** del **Código Civil** modelando lo establecido en el art. 146, determina que los alimentos se reducirán o aumentarán según el aumento o disminución que sufran que sufran las necesidades del alimentista y la fortuna del que hubiere de satisfacerlos.

En nuestro caso, los ingresos de la parte contraria han aumentado notablemente, por lo que, atendiendo a la proporcionalidad con los ingresos de los alimentantes, debe reducirse la pensión de alimentos.

Ello de acuerdo con la jurisprudencia:

- STS n.º 161/2017, de 8 de marzo, ECLI:ES:TS:2017:850:

    «En el caso presente tal juicio de proporcionalidad no ha existido y, por tanto, no se ha tenido en cuenta que el artículo 145 CC dispone que cuando recaiga en dos o más personas la obligación de dar alimentos se repartirá entre ellas el pago de la pensión en cantidad proporcional a su caudal respectivo.

    Se limita la sentencia impugnada a poner de manifiesto que en un momento dado el padre aceptó pagar 530 euros mensuales como pensión alimenticia para los dos hijos. Este juicio de proporcionalidad ha de ser atendido en tanto que ambos progenitores están igualmente obligados a satisfacer las necesidades de sus hijos menores teniendo en cuenta la situación económica de cada uno. En el caso se da por probado que la madre percibe un sueldo neto de 2.500 euros mensuales y el padre únicamente el de 1.040 euros mensuales, por lo que la diferencia es notable y pone de manifiesto la mayor disponibilidad económica de la madre. En consecuencia se estima adecuado que el padre satisfaga mensualmente por cada uno de los hijos la cantidad de 200 euros».

- SAP de A Coruña, rec. 278/2013, de 20 de noviembre de 2013, ECLI:ES:APC:2013:2847:

    «Es cierto que es una obligación primaria de asistencia a los hijos menores de edad (arts. 39.3 Constitución, 90-C, 93, 110, 142, 154.1º Código Civil), y tiene características peculiares que la distinguen de las restantes deudas alimenticias legales para con los parientes e incluso los hijos mayores de edad.

    Pero, una vez fijada la misma y las bases de su actualización en la anterior sentencia, su modificación requiere la alteración sustancial o importante de las circunstancias tenidas en cuenta entonces (arts. 90 y 91, en la misma línea que el 100 del Código Civil, y 775 de la Ley de Enjuiciamiento Civil), y desde luego, su cuantía hay que decidirla de manera sensata y razonable, proporcionalmente a las necesidades del hijo o hija y a las reales posibilidades económicas de los progenitores obligados a prestar los alimentos, valorando el conjunto de las circunstancias del caso, y entre ellas el propio sustento o los restantes gastos necesarios y cargas del alimentante, incluidos también sus otros hijos menores».

- Sobre procedencia de la reducción de la pensión: SAP de Murcia n.º 667/2011, de 29 de diciembre, ECLI:ES:APMU:2011:2925:

    «Pese a ello, en el presente caso lo que se ha tenido en cuenta para rebajar algo la pensión alimenticia es que la situación de paro actual no es equiparable a la que tenía cuando se fijó la pensión de alimentos. En aquél momento (año 2002), tal y como resulta de la vida laboral, se alternaban periodos de paro (con cobro de la prestación de desempleo) con otros de trabajo, por lo que tenía de forma continuada ingresos económicos. Sin embargo, en la actualidad, dada la crisis económica y extensión del paro en la construcción, se evidencia que la situación de desempleo es duradera en el tiempo, de ahí que es razonable concluir que su capacidad económica es inferior a la que tenía entonces, y por ello, teniendo en cuenta que los alimentos han de cuantificarse en función no sólo de las necesidades de quien los recibe, sino también en la capacidad económica del obligado a prestarlos (art. 146 CC), debe concluirse, como hace la Sentencia de primera instancia, que resulta ajustado a derecho la rebaja en su importe, por lo que debe rechazarse el recurso de apelación planteado».

SEGUNDA.- PRUEBA

Al amparo del artículo 752 de la LEC:

> «1. Los procesos a que se refiere este Título se decidirán con arreglo a los hechos que hayan sido objeto de debate y resulten probados, con independencia del momento en que hubieren sido alegados o introducidos de otra manera en el procedimiento.
>
> Sin perjuicio de las pruebas que se practiquen a instancia del Ministerio Fiscal y de las demás partes, el tribunal podrá decretar de oficio cuantas estime pertinentes.
>
> Se podrá proponer por las partes o acordar de oficio por el tribunal la práctica de toda aquella prueba anticipada que se considere pertinente y útil al objeto del procedimiento. En este caso, se procurará que el resultado de dicha prueba admitida o acordada obre en las actuaciones con anterioridad a la celebración de la vista, estando a disposición de las partes.
>
> 2. La conformidad de las partes sobre los hechos no vinculará al tribunal, ni podrá éste decidir la cuestión litigiosa basándose exclusivamente en dicha conformidad o en el silencio o respuestas evasivas sobre los hechos alegados por la parte contraria. Tampoco estará el tribunal vinculado, en los procesos a que se refiere este título, a las disposiciones de esta Ley en materia de fuerza probatoria del interrogatorio de las partes, de los documentos públicos y de los documentos privados reconocidos.
>
> 3. Lo dispuesto en los apartados anteriores será aplicable asimismo a la segunda instancia.
>
> 4. Respecto de las pretensiones que se formulen en los procesos a que se refieren este título, y que tengan por objeto materias sobre las que las partes pueden disponer libremente según la legislación civil aplicable, no serán de aplicación las especialidades contenidas en los apartados anteriores» **(3)**.

Aportamos la siguiente prueba:

[DESCRIPCIÓN]

Por lo expuesto,

SUPLICO A LA AUDIENCIA:

Que tenga por presentado este escrito, lo admita junto con sus documentos y copias, y tenga por interpuesto RECURSO DE APELACIÓN contra la resolución n.º [NÚMERO] dictada por el Juzgado de Primera Instancia [NÚMERO] de [LOCALIDAD] en fecha de [FECHA], se proceda por el letrado de la Administración de Justicia a dar traslado a las demás partes para que presenten escrito de oposición/impugnación y finalmente se dicte resolución por la que estimando este recurso de apelación, se revoque íntegramente la sentencia impugnada, declarando ajustadas a derecho las pretensiones de este recurso, con condena en costas a la parte contraria (art. 398, apartado 1, de la LEC).

Por ser justicia que pido en [CIUDAD] a [DIA] de [MES] de [AÑO].

Ltdo.   Proc.

[NOMBRE Y FIRMA DE ABOGADO]   [NOMBRE Y FIRMA PROCURADOR]

OTROSÍ DIGO PRIMERO: de conformidad con el apartado tercero de la disposición adicional 15.ª de la LOPJ, esta parte ha consignado la cantidad de 50 euros en la cuenta de depósitos del juzgado, como se acredita mediante la copia del justificante de ingreso que aportamos como **documento 1**.

En su virtud,

SUPLICO A LA AUDIENCIA:

Tenga por efectuada la anterior manifestación a los efectos oportunos.

Por ser justicia, fecha y lugar *ut supra*.

Ltdo.   Proc.

[NOMBRE Y FIRMA DE ABOGADO] [NOMBRE Y FIRMA PROCURADOR]

SEGUNDO OTROSÍ DIGO:

Siendo intención de esta parte cumplir con todos los requisitos legales, a tenor de lo previsto en el artículo 231 de la Ley de Enjuiciamiento Civil, se solicita se le diere traslado de cualquier defecto que adoleciere la presente demanda, para la inmediata subsanación de la misma.

Por lo anterior,

SUPLICO A LA AUDIENCIA:

Que tenga por efectuada la anterior manifestación a los efectos oportunos.

Es justicia que pido en el lugar y fecha *ut supra*.

Ltdo.   Proc.

[NOMBRE Y FIRMA DE ABOGADO] [NOMBRE Y FIRMA PROCURADOR]

---

(1) El artículo 458 de la LEC se ve reformado por el RD-ley 6/2023, de 19 de diciembre, con entrada en vigor el 20/03/2024. Desde esa fecha el recurso de apelación se interpondrá ante el tribunal competente para conocerlo. Hasta entonces se seguirá interponiendo ante el tribunal que haya dictado la resolución que se impugne.

(2) El artículo 91 del CC dispone:

«En las sentencias de nulidad, separación o divorcio, o en ejecución de las mismas, la autoridad judicial, en defecto de acuerdo de los cónyuges o en caso de no aprobación del mismo, determinará conforme a lo establecido en los artículos siguientes las medidas que hayan de sustituir a las ya adoptadas con anterioridad en relación con los hijos, la vivienda familiar, el destino de los animales de compañía, las cargas del matrimonio, liquidación del régimen económico y las cautelas o garantías respectivas, estableciendo las que procedan si para alguno de estos conceptos no se hubiera adoptado ninguna. Estas medidas podrán ser modificadas cuando se alteren sustancialmente las circunstancias.

Cuando al tiempo de la nulidad, separación o divorcio existieran hijos comunes mayores de dieciséis años que se hallasen en situación de necesitar medidas de apoyo por razón de su discapacidad, la sentencia correspondiente, previa audiencia del menor, resolverá también sobre el establecimiento y modo de ejercicio de éstas, las cuáles, en su caso, entrarán en vigor cuando el hijo alcance los dieciocho años de edad. En estos casos la legitimación para instarlas, las especialidades de prueba y el contenido de la sentencia se regirán por lo dispuesto en la Ley de Enjuiciamiento Civil acerca de la provisión judicial de medidas de apoyo a las personas con discapacidad».

(3) El RD-ley 6/2023, de 19 de diciembre, modifica el apartado 1 del artículo 752 de la LEC con entrada en vigor el 20/03/2024. El extracto mostrado en este formulario se corresponde con la versión vigente desde esa fecha. Hasta entonces, el precepto se aplica de acuerdo con su redacción anterior: «Los procesos a que se refiere este Título se decidirán con arreglo a los hechos que hayan sido objeto de debate y resulten probados, con independencia del momento en que hubieren sido alegados o introducidos de otra manera en el procedimiento. Sin perjuicio de las pruebas que se practiquen a instancia del Ministerio Fiscal y de las demás partes, el tribunal podrá decretar de oficio cuantas estime pertinentes».

Querella por delito de impago de pensión de alimentos

A TENER EN CUENTA. Por la reforma realizada por la LO 1/2025, de 2 de enero, una vez implantados de forma efectiva los tribunales de instancia (D.T. 1.ª), todas las referencias realizadas a los juzgados unipersonales se entenderán realizadas a las secciones del orden jurisdiccional correspondiente de los tribunales de instancia. En este caso, el art. 88 de la LOPJ atribuye esta materia a la Sección de Instrucción.

AL JUZGADO DE INSTRUCCIÓN NÚMERO [NUMERO] DE [LOCALIDAD]/SECCIÓN DE INSTRUCCIÓN DEL TRIBUNAL DE INSTANCIA DE [ESPECIFICAR] (3)

Don/Doña [NOMBRE_PROCURADOR], Procurador de los Tribunales, en nombre y representación de Don/Doña [NOMBRE_CLIENTE], según acredito mediante poder especial que acompaño (Doc. N.º 1) y en el que constan sus datos personales, ante el juzgado/la sección comparezco con la asistencia letrada de Don/Doña [NOMBRE_ABOGADO_CLIENTE] y como mejor proceda en Derecho, **DIGO:**

Que mediante el presente escrito y de conformidad con el articulo 270 y siguientes de la Ley de Enjuiciamiento Criminal, en rolación con los artículos 100 y 101 del mismo cuerpo legal, formulo **QUERELLA POR DELITO DE IMPAGO DE LA PENSIÓN DE ALIMENTOS** del artículo 227 del Código Penal. En cumplimento de lo exigido por el artículo 277 de la Ley de Enjuiciamiento Criminal hacemos constar los siguientes datos;

I.- COMPETENCIA JUDICIAL

La presente querella se interpone ante la sección de instrucción del tribunal de instancia [NOMBRE DE LA SECCIÓN A LA QUE SE INTERPONE] que por turno corresponda, por haberse cometido los hechos que constituyen el objeto del presente proceso penal dentro del término municipal de [MUNICIPIO] perteneciente a este partido judicial, por lo que resulta atribuida la competencia territorial a las secciones de instrucción de este partido judicial, de conformidad con lo establecido en el artículo 14.2 de la Ley de Enjuiciamiento Criminal.

II.- DEL QUERELLANTE

La persona perjudicada por los hechos objeto de la presente querella, y, por tanto, la parte querellante es Don/Doña [NOMBRE_CLIENTE], vecino de [LUGAR] quien ostenta la capacidad legal para ser parte acusadora en el proceso penal, en representación de su hijos/s menores [NOMBRE]

Al ser el querellante el ofendido, con arreglo a lo establecido en los artículos 280 y 281 de la LECRIM queda exento de la obligación de prestar fianza.

III.- DEL QUERELLADO

DON [NOMBRE_QUERELLADO] mayor de edad, con domicilio en [MUNICIPIO_DIRECCION] y titular del Documento Nacional de Identidad [Nº_DNI] en concepto de autor de los hechos que más adelante se detallan.

(Según el art. 277 de la LECrim. En caso de no tener constancia de los datos personales del querellado, se deberá hacer la designación del querellado por las señas que mejor pudieran darle a conocer)

IV.- RELACIÓN DE LOS HECHOS

Los hechos que motivan la querella y que presentan caracteres delictivos son los siguientes:

PRIMERO.- Mi representada y el querellado Don/Doña [NOMBRE] contrajeron matrimonio civil/canónico en [LUGAR], el día [FECHA] y consta inscrito en el Registro Civil de [LOCALIDAD], tomo [NUMERO], y pagina [NUMERO]. Se acompaña como documento n.º [NUMERO]certificado acreditativo de dicho extremo.

SEGUNDO.- De dicho matrimonio, nacieron [NUMERO] hijos, en fecha [FECHA]. Inscrito en el Registro Civil de [LOCALIDAD], [ESPECIFICAR]. Se acompaña como documento n.º [NUMERO] certificado acreditativo de dicho extremo, y como Documento n.º [NUMERO] copia del libro de familia.

TERCERO.- Mediante demanda de divorcio presentada en los Juzgados de esta localidad, se tramito procedimiento con numero [NUMERO], ante el Juzgado de 1.º Instancia [NUMERO] que decreto el divorcio/separación mediante sentencia de fecha [FECHA SENTENCIA] y en la que se establecieron las siguientes obligaciones alimenticias.

Don/Doña [NOMBRE] deberá satisfacer en concepto de alimentos a favor de su hijo/s [NOMBRES] la cantidad de [CANTIDAD] euros, dentro de los cinco primeros días del mes, y actualizable anualmente según el IPC que señale el Instituto de Estadística u organismo que lo sustituya, pagadero en el siguiente n.º de cuenta [NUMERO]

CUARTO.- Desde la firmeza de la mencionada sentencia el denunciado ha abonado en este concepto la cantidad de [EUROS] correspondiente a las pensiones de los meses de [ESPECIFICAR] a [ESPECIFICAR]. Se adjunta como documento n.º [NUMERO]acreditativo de este extremo, los movimientos de ingreso en la cuenta de mi mandante.

QUINTO.- Don/Doña [NOMBRE_DENUNCIADO] ha dejado de satisfacer pensiones de alimentos desde la fecha [FECHA] ascendiendo la cantidad adeudada a [CANTIDAD] euros. Se adjunta como documento n.º [NUMERO] acreditativo de este extremo, los movimientos de ingreso en la cuenta de mi mandante.

En virtud de la obligación de actualización de la pensión acorde al IPC la pensión se debería haber incrementado un % resultado una mensualidad de [IMPORTE_EUROS]

En consecuencia, la cantidad total adeuda en concepto de pensión de alimentos asciende a [CANTIDAD] euros.

SEXTO.- Ante el impago de estas pensiones, y habiendo intentado una resolución extrajudicial mediante el envió de dos Burofax, documentos n.º [ESPECIFICAR] y n.º [ESPECIFICAR], y acuses de recibo positivo de fechas [FECHAS] mi mandante, a través de este letrado, interpone la presente querella dirigida a conseguir la satisfacción del crédito.

V.- TESTIGOS DE LOS HECHOS

[DESCRIPCION] (1)

- D./D.ª [NOMBRE _TESTIGO] padre/madre de mi representada, quien está sufragando los gastos que corresponden al querellado, y en beneficio de su hija y sus nietos.

VI.- DILIGENICAS A PRACTICAR

Para la comprobación de los hechos que se manifiestan se requieren las siguientes Diligencias.

- Declaración del querellado que serán citados en [NOMBRE Y DIRECCION]

- Documental, consistente en aportación de los movimientos bancarios de la cuenta de mi representada.

- Documental consistente en los pagos realizados por el padre de mi representada D./D.ª [NOMRE_PADRE] para acreditar la ayuda económica prestada ante el incumplimiento del querellado.

- Testificales de D./ D.ª [NOMBRE] con domicilio a efecto de citaciones sito en [DIRECCIÓN]

- Se libre atento oficio a la entidad bancaria [NOMBRE_BANCO] para que emita certificado sobre las cuentas de mi mandante de los ingresos recibidos por el querellado desde la fecha en que la sentencia fue firme hasta el día de la interposición de la presente querella.

Interesamos la práctica de las anteriores diligencias según lo establecido en el art. 258 bis LECrim en relación con la celebración de los actos procesales mediante presencia telemática (2) [ESPECIFICAR]

Según el citado art. 258 bis de la LECrim:

«1. Constituido el órgano judicial en su sede, los actos de juicio, vistas, audiencias, comparecencias, declaraciones y, en general, todas las actuaciones procesales, se realizarán preferentemente, salvo que el juez o jueza o tribunal, en atención a las circunstancias, disponga otra cosa, mediante presencia telemática, siempre que las oficinas judiciales o fiscales tengan a su disposición los medios técnicos necesarios para ello, con las especialidades previstas en los artículos 325, 731 bis y 306 de la Ley de Enjuiciamiento Criminal, de conformidad con lo dispuesto en el apartado 3 del artículo 229 y artículo 230 de la Ley Orgánica del Poder Judicial, y supletoriamente por lo dispuesto en la el artículo 137 bis de la Ley 1/2000, de 7 de enero, de Enjuiciamiento Civil. La intervención mediante presencia telemática se practicará siempre a través de punto de acceso seguro, de conformidad con la normativa que regule el uso de la tecnología en la Administración de Justicia.

2. No obstante lo dispuesto en el apartado anterior, será necesaria la presencia física del acusado en la sede del órgano judicial de enjuiciamiento en los juicios por delito grave y juicios de Tribunal de Jurado, sin perjuicio de lo previsto en los tratados internacionales en los que España sea parte, las normas de la Unión Europea y demás normativa aplicable a la cooperación con autoridades extranjeras para el desempeño de la función jurisdiccional.

En los juicios por delito menos grave, cuando la pena exceda de dos años de prisión o, si fuera de distinta naturaleza, cuando su duración no exceda de seis años, el acusado comparecerá físicamente ante la sede del órgano de enjuiciamiento si así lo solicita este o su letrado, o si el órgano judicial lo estima necesario. La decisión deberá adoptarse en auto motivado.

En el resto de juicios, cuando el acusado comparezca, lo hará físicamente ante la sede del órgano de enjuiciamiento si así lo solicita él o su letrado, o si el órgano judicial lo estima necesario. La decisión deberá adoptarse en auto motivado.

En todo caso, en los procesos y juicios, cuando el acusado resida en la misma demarcación del órgano judicial que conozca o deba conocer de la causa, su comparecencia en juicio deberá realizarse de manera física en la sede del órgano judicial o enjuiciamiento, salvo que concurran causas justificadas o de fuerza mayor.

Cuando se disponga la presencia física del investigado o acusado, será también necesaria la presencia física de su defensa letrada. Cuando se permita su declaración telemática, el abogado del investigado o acusado comparecerá junto con este o en la sede del órgano judicial.

Cuando el acusado decida no comparecer en la sede del órgano judicial, deberá notificarlo con, al menos, cinco días de antelación.

3. Se garantizará especialmente que las declaraciones o interrogatorios de las partes acusadoras, testigos o peritos se realicen de forma telemática en los siguientes supuestos, salvo que el Juez o Tribunal, mediante resolución motivada, en atención a las circunstancias del caso concreto, estime necesaria su presencia física:

a) Cuando sean víctimas de violencia de género, de violencia sexual, de trata de seres humanos o cuando sean víctimas menores de edad o con discapacidad. Todas ellas podrán intervenir desde los lugares donde se encuentren recibiendo oficialmente asistencia, atención, asesoramiento o protección, o desde cualquier otro lugar, siempre que dispongan de medios suficientes para asegurar su identidad y las adecuadas condiciones de la intervención.

b) Cuando el testigo o perito comparezca en su condición de Autoridad o funcionario público, realizando entonces su intervención desde un punto de acceso seguro.

4. Lo dispuesto en este artículo será de aplicación igualmente a las actuaciones que se celebren ante los letrados o letradas de la Administración de Justicia o ante el Ministerio fiscal (...)».

Por todo lo expuesto.

SUPLICO AL JUZGADO/A LA SECCIÓN:

Teniendo por presentado este escrito, con sus copias y documentos que se acompañan, se admita y se acuerde tener por formulada QUERELLA por D./D.ª [NOMBRE_CLIENTE] en concepto de Acusación Particular, contra D./D.ª [NOMBRE_PARTECONTRARIA] por un presunto DELITO DE IMPAGO EN LAS PENSIONES DE ALIMENTOS tipificado en el artículo 227 del Código Penal, con el fin de que se acuerde incoar las diligencias oportunas, se cite a los implicados y a los testigos al juicio verbal y, en su caso, se practiquen el resto de diligencias interesadas de [DESCRIPCION] adoptándose las medidas personales de detención y prisión del presunto culpable o la exigencia de fianza de libertad provisional y se acuerde el embargo de sus bienes en la cantidad necesaria en los casos en que así proceda.

En [CIUDAD] a [DIA] de [MES] de [AÑO].

LETRADO D./D.ª [NOMBRE]

PROCURADOR D./D.ª [NOMBRE]

QUERELLANTE D./D.ª [NOMBRE]

---

(1) Señalar si existieron testigos indicando NOMBRE, DIRECCIÓN y CUANTOS DATOS SEAN NECESARIOS PARA IDENTIFICARLOS.

(2) Tras la introducción en la LECrim del nuevo art. 258 bis a través del Real Decreto-ley 6/2023, de 19 de diciembre, las actuaciones procesales se realizarán preferentemente, salvo que

el juez o jueza o tribunal, en atención a las circunstancias, disponga otra cosa, mediante presencia telemática, incluyendo las que se celebren ante los/las letrados/as de la Administración de Justicia o ante el Ministerio fiscal. En las citaciones se informará de la posibilidad de declarar de forma telemática en las condiciones establecidas en el citado precepto. Esta reforma entrará en vigor el 20 de marzo de 2024, hasta ese momento el art. 258bis LECrim no se aplicará.

(3) Por la reforma realizada por la LO 1/2025, de 2 de enero, una vez implantados de forma efectiva los tribunales de instancia (D.T. 1.ª), todas las referencias realizadas a los juzgados unipersonales se entenderán realizadas a las secciones del orden jurisdiccional correspondiente de los tribunales de instancia. En este caso, el art. 88 de la LOPJ atribuye esta materia a la Sección de Instrucción.

Demanda de modificación de medidas. Aumento de la pensión de alimentos por incremento de la capacidad económica del alimentante y necesidades del alimentista

A TENER EN CUENTA. Por la reforma realizada por la LO 1/2025, de 2 de enero, una vez implantados de forma efectiva los tribunales de instancia (D.T. 1.ª), todas las referencias realizadas a los juzgados unipersonales se entenderán realizadas a las secciones del orden jurisdiccional correspondiente de los tribunales de instancia. En este caso, el art. 86 de la LOPJ atribuye esta materia a la Sección de Familia, Infancia y Capacidad.

A TENER EN CUENTA. Desde el 03/04/2025 por la reforma realizada por la LO 1/2025, de 2 de enero, se exige para la admisión de las demandas civiles el haber acudido a un medio adecuado de solución de controversias (MASC). Es el artículo 5 de la LO 1/2025, de 2 de enero, el que determina estos casos.

AL JUZGADO DE PRIMERA INSTANCIA N.º [NÚMERO] DE [LOCALIDAD]/SECCIÓN DE FAMILIA DEL TRIBUNAL DE INSTANCIA DE [ESPECIFICAR] (3)

D./D.ª [NOMBRE PROCURADOR CLIENTE], procurador/a de los tribunales con número de colegiado/a [NÚMERO], en nombre y representación de D./D.ª [NOMBRE CLIENTE], con domicilio en esta ciudad [DOMICILIO CLIENTE], y provisto de DNI número [NÚMERO], lo que acredito mediante escritura de poder [GENERAL PARA PLEITOS/*APUD ACTA*], bajo la dirección letrada de D./D.ª [NOMBRE ABOGADO CLIENTE], con número de colegiado/a [NÚMERO], ante el juzgado/la sección comparezco y, como mejor proceda en derecho,

DIGO

Que, por medio del presente escrito, vengo a formular **DEMANDA DE MODIFICACIÓN DE MEDIDAS** establecidas en el convenio regulador aprobado judicialmente por sentencia número [NÚMERO], de fecha [FECHA], contra **D./D.ª** [NOMBRE_PARTE_CONTRARIA], NIF núm. [NÚMERO] y domicilio en [DOMICILIO], todo ello al amparo de lo previsto en el artículo 775 de la Ley de Enjuiciamiento Civil, en relación con el artículo 770 de la misma ley, y con base en los siguientes,

HECHOS

PRIMERO.- En fecha [FECHA], se dictó sentencia número [NÚMERO] por el juzgado/la sección al/a la que nos dirigimos.

Se acompaña como **documento número** [NÚMERO], copia de la meritada sentencia.

SEGUNDO.- Entre las medidas acordadas, se establecía que [NOMBRE DE LA PARTE CONTRARIA], debía satisfacer una pensión de alimentos en favor del hijo en común de [CANTIDAD_EN_LETRA] euros, ([CANTIDAD_EN NÚMERO]).

TERCERO.- Las circunstancias tenidas en cuenta para acordar dicha pensión fueron las siguientes:

1. Necesidades del hijo: [DESARROLLO].

2. Fortuna de los alimentantes: [DESARROLLO].

CUARTO.- Desde la fecha de la citada sentencia, las circunstancias que se tuvieron en cuenta para la determinación de la pensión alimenticia a favor del/a hijo/a, han variado sustancialmente y obligan a que se proceda a una modificación de la misma habida cuenta dos concretas circunstancias; de un lado, el incremento de los gastos del menor y, de otro, la mejora en las condiciones laborales y económicas del progenitor alimentante D./D.ª [NOMBRE_PARTE_CONTRARIA].

Respecto al incremento de los gastos del alimentista, resulta que en [MES] del año, el menor va a comenzar la escuela, por lo que la totalidad de sus gastos en este sentido aumentará de la forma siguiente:

1. Cuota de inscripción: [NÚMERO] euros.

2. Comedor: [NÚMERO] euros.

3. Actividades extraescolares: [NÚMERO] euros.

4. Ropa escolar: [NÚMERO] euros.

TOTAL: [NÚMERO] euros.

Por su parte, la parte adversa [NOMBRE PARTE CONTRARIA], cobra un sueldo mensual de [CANTIDAD] euros por el desempeño de su profesión de [PROFESIÓN], y el ascenso obtenido en fecha [FECHA], y del que ha tenido noticia nuestra representada, circunstancia que conlleva a que la parte demandada cobre un sueldo tres veces superior al sueldo de mi mandante.

Se adjuntan como **documentos número** [NÚMERO] a **número** [NÚMERO] copias de las correspondientes nóminas (1).

QUINTO.- La mejora en las condiciones económicas del obligado al pago en conjunción con el aumento de los gastos del hijo común, evidencia que se ha producido una modificación sustancial de las circunstancias tenidas en cuenta en el momento de firmar el convenio regulador aprobado en sentencia número [SENTENCIA NÚMERO], debiendo procederse a la MODIFICACIÓN de las medidas relativas a la pensión de alimentos del hijo común, fijándose que, la cuota mensual a pagar por el progenitor alimentante a partir de esa fecha, en concepto de alimentos, debe ascender a [NÚMERO] euros mensuales, actualizables conforme al incremento anual del [ÍNDICE A APLICAR PARA LA ACTUALIZACIÓN], a pagar antes del día 5 de cada mes en el número de cuenta [NÚMERO].

A los citados hechos son de aplicación los siguientes,

FUNDAMENTOS DE DERECHO

I.- JURISDICCIÓN Y COMPETENCIA

Conforme al artículo 21 de la Ley Orgánica del Poder Judicial, y artículo 36 de la Ley de Enjuiciamiento Civil, serán competentes, para conocer de estos asuntos, los tribunales españoles del orden jurisdiccional civil.

Según el artículo 86 de la LOPJ, le corresponderá el conocimiento de este asunto a los juzgados de primera instancia/secciones de familia. En concreto, de conformidad con el artículo 775 de la LEC, le corresponderá al juzgado/a la sección que acordó las medidas definitivas.

II.- CAPACIDAD Y LEGITIMACIÓN

Mi representado/a ostenta la capacidad necesaria para ser parte en el presente proceso, de conformidad con lo dispuesto en los artículos 6 y siguientes de la Ley de Enjuiciamiento Civil y está legitimado para la presentación de esta demanda, en aplicación de los arts. 10 y 775, apartado 1 de la Ley de Enjuiciamiento Civil.

III.- POSTULACIÓN Y DEFENSA

Esta parte actúa representada por procurador/a y asistida de abogado/a, de acuerdo con el artículo 750 de la LEC.

IV.- MASC

Según lo establecido en el art. 5 de la LO 1/2025, de 2 de enero, las partes han acudido a [DESCRIPCIÓN PROCESO MASC] en los términos siguientes [ESPECIFICAR] (4).

A estos efectos adjuntamos los siguientes documentos: (5)

• Documento n.º [NÚMERO].
• Documento n.º [NÚMERO].

V.- PROCEDIMIENTO

El proceso se debe ajustar al trámite establecido en el artículo 770 de la LEC por el cual «1.ª A la demanda deberá acompañarse certificación de la inscripción del matrimonio, y en su caso, las de inscripción de nacimiento de los hijos en el Registro Civil, así como los documentos en que el cónyuge funde su derecho. Si se solicitan medidas de carácter patrimonial, tanto la parte actora como la parte demandada deberán aportar los documentos de que dispongan que permitan evaluar la situación económica de los cónyuges, y en su caso, de los hijos, tales como declaraciones tributarias, nóminas, certificaciones bancarias, títulos de propiedad o certificaciones registrales. De igual forma se deberá acreditar, de existir, la resolución judicial o acuerdo en virtud del cual corresponde el uso de la vivienda familiar» (2).

De acuerdo con la remisión del artículo 775 de la LEC «Estas peticiones se tramitarán conforme a lo dispuesto en el artículo 770. No obstante, si la petición se hiciera por ambos cónyuges de común acuerdo o por uno con el consentimiento del otro y acompañando propuesta de convenio regulador, regirá el procedimiento establecido en el artículo 777».

VI.- FONDO DEL ASUNTO

Resulta de aplicación el artículo 775, apartado 1 de la LEC, por el cual «el Ministerio Fiscal, habiendo hijos menores o hijos con discapacidad con medidas de apoyo atribuidas a sus progenitores y, en todo caso, los cónyuges, podrán solicitar del Tribunal que acordó las medidas definitivas, la modificación de las medidas convenidas por los cónyuges o de las adoptadas en defecto de acuerdo, siempre que hayan variado sustancialmente las circunstancias tenidas en cuenta al aprobarlas o acordarlas».

Como también resulta de los artículos 90 y 91 del Código Civil, por los que:

«Las medidas que el Juez adopte en defecto de acuerdo o las convenidas por los cónyuges judicialmente, podrán ser modificadas judicialmente o por nuevo convenio aprobado por el Juez, cuando así lo aconsejen las nuevas necesidades de los hijos o el cambio de las circunstancias de los cónyuges (...)».

«En las sentencias de nulidad, separación o divorcio, o en ejecución de las mismas, la autoridad judicial, en defecto de acuerdo de los cónyuges o en caso de no aprobación del mismo, determinará conforme a lo establecido en los artículos siguientes las medidas que hayan de sustituir a las ya adoptadas con anterioridad en relación con los hijos, la vivienda familiar, el destino de los animales de compañía, las cargas del matrimonio, liquidación del régimen económico y las cautelas o garantías respectivas, estableciendo las que procedan si para alguno de estos conceptos no se hubiera adoptado ninguna. Estas medidas podrán ser modificadas cuando se alteren sustancialmente las circunstancias».

A este respecto, a título de ejemplo, la sentencia de la Audiencia Provincial de Lérida n.º 439/2018, de 18 de octubre, ECLI:ES:APL:2018:709, dispone lo siguiente:

«En el presente caso estamos ante un procedimiento de modificación de medidas de los previstos en el art. 775 de la LEC que se sustenta en un cambio sustancial en las circunstancias que se daban en el momento de acordarse las medidas definitivas (sentencia de 29 de enero de 2016). Por tanto, la modificación solicitada únicamente podrá tener lugar cuando se sustente en la aparición de hechos o situaciones nuevas, imprevistas, o que no fueron tenidas en cuenta al establecer la medida cuya revisión se insta, y se trate de una alteración trascendente, de relativa importancia que, además, revista un cierto grado de permanencia y duración en el tiempo, no transitoria ni meramente coyuntural. Y en todo caso la pretensión de modificación está condicionada a la cumplida acreditación por parte de quien demanda (art. 217-3 de la LEC) de que la alteración, con los requisitos dichos, ha tenido lugar, generando una variación de la situación persistente al tiempo de adoptar la medida que se quiere modificar. (...)

El motivo fundamental para incrementar el importe de la pensión alimenticia viene constituida por la mejora en las condiciones laborales y económicas del progenitor, desprendiéndose de la prueba practicada que tiene una actividad laboral que sin duda le reporta ingresos, aunque sea en la economía sumergida».

VII.- INTERVENCIÓN DEL MINISTERIO FISCAL

De conformidad con lo estipulado en 749, apartado 2 de la LEC, es preceptiva la intervención del Ministerio Público al existir un menor.

VIII.- *IURA NOVIT CURIA*

En todo lo no invocado, resulta de aplicación el principio *iura novit curia*, plasmado en el párrafo segundo del punto primero del artículo 218 de la Ley de Enjuiciamiento Civil, en virtud del cual serán aplicables las demás normas que sean de pertinente, especial o general aplicación, y que el juzgador podrá tener en cuenta de oficio sin necesidad de que hayan sido previamente alegados o invocados por alguna de las partes intervinientes.

IX.- COSTAS

De acuerdo con el artículo 394 de la LEC, se debe condenar al pago de las costas generadas a la parte demandada.

Por lo expuesto,

SUPLICO AL JUZGADO/A LA SECCIÓN:

Que tenga por presentado este escrito junto con sus documentos y copias, y proceda a admitir **DEMANDA DE MODIFICACIÓN DE MEDIDAS DEFINITIVAS** y, tras los trámites oportunos dicte sentencia por la cual se establezca que la pensión de alimentos a cargo del demandado a favor del menor se establezca en la cantidad de [CANTIDAD EN LETRA] euros ([CANTIDAD EN NÚMERO] euros). Cantidad que deberá ser abonada en los cinco primeros días de cada mes en la cuenta [ESPECIFICAR], y deberá actualizarse anualmente conforme el índice [ÍNDICE DE ACTUALIZACIÓN], con todo lo demás que sea procedente en derecho.

Por ser justicia que se pide en [LOCALIDAD] a [FECHA].

Letrado/a D./D.ª [NOMBRE]   Procurador/a D./D.ª [NOMBRE]
[NÚMERO_COLEGIADO ABOGADO_   [NÚMERO_COLEGIADO_PROCURA-
CLIENTE]   DOR_CLIENTE]

---

(1) Documentación acreditativa de la mejora en las circunstancias económicas de la parte contraria con respecto al momento en el que fue establecida la pensión de alimentos objeto de modificación. De no disponerse de ella, puede solicitarse práctica de prueba mediante «OTROSÍ DIGO», solicitándose, testificales que acrediten los extremos alegados o la petición de que se libre atento oficio a los diferentes organismos, entidades y empresas a través de los que pueda acreditarse la percepción de ingresos de la parte contraria.

(2) El RD-ley 6/2023, de 19 de diciembre, modifica el artículo 770.1 de la LEC con entrada en vigor el 20/03/2024. El extracto mostrado en este formulario constituye la versión vigente desde esa fecha.

(3) Por la reforma realizada por la LO 1/2025, de 2 de enero, una vez implantados de forma efectiva los tribunales de instancia (D.T. 1.ª), todas las referencias realizadas a los juzgados unipersonales se entenderán realizadas a las secciones del orden jurisdiccional correspondiente de los tribunales de instancia. En este caso, el art. 86 de la LOPJ atribuye esta materia a la Sección de Familia, Infancia y Capacidad.

(4) De acuerdo con el segundo párrafo del art. 399.3 de la LEC se hará constar en la demanda la descripción del proceso de negociación previo llevado a cabo o la imposibilidad del mismo, conforme a lo establecido en el ordinal 4.º del artículo 264, y se manifestarán, en su caso, los documentos que justifiquen que se ha acudido a un medio adecuado de solución de controversias, salvo en los supuestos exceptuados en la Ley de este requisito de procedibilidad.

(5) Documentos que acrediten haberse intentado la actividad negociadora previa a la vía judicial cuando la ley exija dicho intento como requisito de procedibilidad, o declaración responsable de la parte de la imposibilidad de llevar a cabo la actividad negociadora previa a la vía judicial por desconocer el domicilio de la parte demandada o el medio por el que puede ser requerido.

Demanda ejecutiva por impago de pensión alimenticia

> **A TENER EN CUENTA.** Por la reforma realizada por la LO 1/2025, de 2 de enero, una vez implantados de forma efectiva los tribunales de instancia (D.T. 1.ª), todas las referencias realizadas a los juzgados unipersonales se entenderán realizadas a las secciones del orden jurisdiccional correspondiente de los tribunales de instancia. En este caso, el art. 86 de la LOPJ atribuye esta materia a la Sección de Familia, Infancia y Capacidad.

AL JUZGADO DE PRIMERA INSTANCIA N.º [NUMERO] **DE** [LOCALIDAD]/**SECCIÓN DE FAMILIA DEL TRIBUNAL DE INSTANCIA DE** [ESPECIFICAR] **(3)**

D./D.ª [NOMBRE PROCURADOR CLIENTE] procurador/a de los Tribunales, en nombre y representación de **D./D.ª** [NOMBRE CLIENTE], según tengo debidamente acreditado en autos del procedimiento [CONCEPTO] n.º [NUMERO] tramitado ante este Tribunal, ante el mismo comparezco y, como mejor proceda en derecho, **DIGO:**

Que mediante el presente escrito y en virtud de lo dispuesto en los **artículos** 517.2.1.º de la Ley de Enjuiciamiento Civil (LEC) en relación con el **artículo** 776.1.ª del propio texto legal, intereso la **EJECUCIÓN FORZOSA** de la sentencia n.º [NUMERO] de fecha [FECHA] dictada en el procedimiento de [DESCRIBIR], frente a D./D.ª [NOMBRE PARTE CONTRARIA], mayor de edad, con domicilio en [DOMICILIO], con objeto de que, previa la tramitación oportuna, se dicte auto despachando ejecución en los términos interesados en el suplico de esta demanda.

Y todo ello con base a los siguientes

HECHOS

Primero.- Que el presente Juzgado/la presente Sección, dictó sentencia en fecha [FECHA], derivada del juicio de [DESCRIPCION], por la que se acordaba, entre otros pronunciamientos, el establecimiento de una pensión alimenticia a favor de los hijos menores de edad a cargo de Don/Doña [NOMBRE PARTE CONTRARIA]

Se acompaña como **documento n.º** [NUMERO], copia de la citada sentencia, notificada a las partes en [FECHA].

Segundo.- La cantidad a sufragar se fijó en [CANTIDAD EN LETRA] euros ([CANTIDAD] €) mensuales, a pagar dentro de los cinco primeros días de cada mes.

Tercero.- Que Don/Doña [NOMBRE PARTE CONTRARIA], no ha cumplido con lo estipulado en la sentencia cuya ejecución se solicita, tras haber intentado en varias ocasiones su cumplimiento y resultar éstas infructuosas.

Se acompaña como **documento n.º** [NUMERO], acuses de recibo de las cartas remitidas a Don/Doña [NOMBRE PARTE CONTRARIA], requiriendo el cumplimiento de la obligación fijada en la citada sentencia.

A estos hechos, le son de aplicación los siguientes

FUNDAMENTOS DE DERECHO

I.- JURISDICCIÓN Y COMPETENCIA

De acuerdo con los arts. 9.2, 21.1 y 22.3 Ley Orgánica del Poder Judicial en relación con el art. 36 de la Ley de Enjuiciamiento Civil, corresponde a los órganos jurisdiccionales del orden civil el conocimiento del presente procedimiento.

Es competente el Juzgado al que nos dirigimos en virtud del **artículo 545.**1 de la LEC: «Si el título ejecutivo consistiera en resoluciones judiciales, resoluciones dictadas por Letrados de la Administración de Justicia a las que esta ley reconozca carácter de título ejecutivo o transacciones y acuerdos judicialmente homologados o aprobados, será competente para dictar el auto que contenga la orden general de ejecución y despacho de la misma el Tribunal que conoció del asunto en primera instancia o en el que se homologó o aprobó la transacción o acuerdo».

En relación a lo dispuesto en el **artículo 776** de la propia LEC:

> «Los pronunciamientos sobre medidas se ejecutarán con arreglo a lo dispuesto en el Libro III de esta ley, con las especialidades siguientes:
> 1.ª Al cónyuge o progenitor que incumpla de manera reiterada las obligaciones de pago de cantidad que le correspondan podrán imponérsele por el letrado o letrada de la Administración de Justicia multas coercitivas, con arreglo a lo dispuesto en el artículo 711 y sin perjuicio de hacer efectivas sobre su patrimonio las cantidades debidas y no satisfechas.
> 2.ª En caso de incumplimiento de obligaciones no pecuniarias de carácter personalísimo, no procederá la sustitución automática por el equivalente pecuniario prevista en el apartado tercero del artículo 709 y podrán, si así lo juzga conveniente el Tribunal, mantenerse las multas coercitivas mensuales todo el tiempo que sea necesario más allá del plazo de un año establecido en dicho precepto.
> 3.ª El incumplimiento reiterado de las obligaciones derivadas del régimen de visitas, tanto por parte del progenitor guardador como del no guardador, podrá dar lugar a la modificación por el Tribunal del régimen de guarda y visitas siempre y cuando sea acorde con la evaluación del interés superior del menor realizada previamente.
> 4.ª Cuando deban ser objeto de ejecución forzosa gastos extraordinarios, no expresamente previstos en las medidas definitivas o provisionales, deberá solicitarse previamente al despacho de ejecución la declaración de que la cantidad reclamada tiene la consideración de gasto extraordinario. Del escrito solicitando la declaración de gasto extraordinario se dará vista a la contraria y, en caso de oposición dentro de los cinco días siguientes, el Tribunal convocará a las partes a una vista que se sustanciará con arreglo a lo dispuesto en los artículos 440 y siguientes y que resolverá mediante auto». (1)

II.- CAPACIDAD Y LEGITIMACIÓN

Ambas partes ostentan capacidad suficiente de conformidad con lo dispuesto en los **artículos 6 y 7** de la LEC, y están legitimadas las partes que forman parte de este proceso, en virtud de los **artículos 10** y siguientes de la LEC.

III.- PROCEDIMIENTO

El procedimiento a seguir será el estipulado en los **artículos 517** y siguientes de la LEC, al tratarse de una ejecución forzosa dineraria.

Tras el transcurso de veinte días esta parte puede instar la ejecución de la sentencia firme favorable a sus pretensiones, de acuerdo con el artículo 548 de la LEC.

Además, el **artículo 551** de la LEC, señala que:

> «Presentada la demanda ejecutiva, el tribunal, siempre que concurran los presupuestos y requisitos procesales, el título ejecutivo no adolezca de ninguna irregularidad formal, no considere abusivas las cláusulas contenidas en los títulos extrajudiciales que sirven de fundamento a la ejecución o que determinan la cantidad exigible, y los actos de ejecución que se solicitan sean conformes con la naturaleza y contenido del título, dictará auto conteniendo la orden general de ejecución y despachando la misma.

> Con carácter previo el letrado o letrada de la Administración de Justicia llevará a cabo la oportuna consulta al Registro Público Concursal a los efectos previstos en los artículos 600 y siguientes del texto refundido de la Ley Concursal, aprobado por Real Decreto Legislativo 1/2020, de 5 de mayo» (2).

IV.- FONDO DEL ASUNTO

La ejecución ha de **despacharse** frente a D./D.ª [NOMBRE PARTE CONTRARIA]

La acción ejercitada se basa en la sentencia de condena dictada, la cual constituye título judicial, el cual lleva aparejado ejecución, de acuerdo con el **artículo 517.2.1** de la LEC.

De acuerdo con el **artículo 548 de la LEC,** la presente demanda se formula cumpliendo con el plazo citado, «No se despachará ejecución de resoluciones procesales o arbitrales o de acuerdos de mediación, dentro de los veinte días posteriores a aquel en que la resolución de condena sea firme, o la resolución de aprobación del convenio o de firma del acuerdo haya sido notificada al ejecutado».

En virtud del **artículo 518 de la LEC**, esta acción ejecutiva fundada en sentencia, en resolución del tribunal o del secretario judicial que apruebe una transacción judicial o un acuerdo alcanzado en el proceso, en resolución arbitral o en acuerdo de mediación caducará si no se interpone la correspondiente demanda ejecutiva dentro de los cinco años siguientes a la firmeza de la sentencia o resolución.

De conformidad con el **artículo 776 de la LEC**, los pronunciamientos sobre medidas se ejecutarán con arreglo a lo dispuesto en el Libro III de esta ley, con las especialidades siguientes:

> «1.ª Al cónyuge o progenitor que incumpla de manera reiterada las obligaciones de pago de cantidad que le correspondan podrán imponérsele por el letrado o letrada de la Administración de Justicia multas coercitivas, con arreglo a lo dispuesto en el artículo 711 y sin perjuicio de hacer efectivas sobre su patrimonio las cantidades debidas y no satisfechas».

En cuanto a los intereses, el **artículo 576** de la LEC, señala que desde que fuere dictada en primera instancia, toda sentencia o resolución que condene al pago de una cantidad de dinero líquida determinará, en favor del acreedor, el devengo de un interés anual igual al del interés legal del dinero incrementado en dos puntos o el que corresponda por pacto de las partes o por disposición especial de la ley.

V.- EMBARGO

Esta parte solicita embargo de los bienes del ejecutado en la cantidad de [CANTIDAD] euros más [CANTIDAD] euros en los que se fijan provisionalmente los intereses y costas de esta ejecución, y sin perjuicio de ulterior liquidación de los mismos. Total [CANTIDAD] euros.

A este respecto, interesamos el embargo de:

Salario que el ejecutado/a percibe por su trabajo en [NOMBRE], con sede en [LUGAR] en la cantidad de [CANTIDAD] euros mensuales, para hacer frente a las futuras obligaciones. A este efecto se deberá requerir a su empleador para que practique mensualmente la retención indicada (más la que se acuerde para liquidar la deuda atrasada), ordenando el ingreso de esa cantidad en la cuenta de mi representada abierta en la entidad [NOMBRE]con el n.º [NUMERO]

Bienes (susceptibles de embargo, **artículo 592** de la LEC), y sin perjuicio de los que se pudieran encontrar si los que citamos resultan insuficientes, esta parte designa los siguientes:

a) [DESCRIPCION]

b) [DESCRIPCION]

c) [DESCRIPCION]

Si los bienes detallados en el ordinal precedente no resultaran suficientes para cubrir la suma reclamada, interesamos que por el Juzgado se acuerden las siguientes medidas de investigación judicial para averiguación de los bienes, ingresos y derechos de los que pueda ser titular D./D.ª [NOMBRE PARTE CONTRARIA]

Además, deberá acordarse la retención mensual de su nómina de [CANTIDAD] euros para asegurar los pagos de las obligaciones futuras. Para ello deberá tenerse en cuenta lo establecido en el **artículo 608** de la LEC que en materia de prestación alimenticia prescinde de los límites para los embargos de sueldos y pensiones fijados en el **artículo 607** del mismo texto legal.

VI.- REQUERIMIENTO DE PAGO

De acuerdo con el **artículo 580** de la LEC, el requerimiento de pago al deudor no resulta necesario.

VII.- INTERESES

El cálculo de intereses se hará aplicando el **artículo 576** de la LEC.

VIII.- COSTAS

En aplicación del **artículo 394.1** de la LEC, deberán imponerse las costas al demandado.

IX.- *IURA NOVIT CURIA*

En todo lo no invocado resulta de aplicación el principio *iura novit curia*, plasmado en el párrafo segundo del punto primero del artículo 218 de la Ley de Enjuiciamiento Civil, en virtud del cual serán aplicables las demás normas que sean de pertinente, especial o general aplicación, y que el juzgador podrá tener en cuenta de oficio sin necesidad de que hayan sido previamente alegados o invocados por alguna de las partes intervinientes.

Por ello,

SUPLICO AL JUZGADO/A LA SECCIÓN:

Tenga por presentado este escrito con los documentos y copias que acompaño, lo admita y tenga por formulada demanda ejecutiva frente a D./D.ª [NOMBRE PARTE CONTRARIA] , en solicitud de despacho de ejecución de la sentencia n.º [NUMERO] de fecha [FECHA] dictada en juicio de [CONCEPTO] n.º [NUMERO] por el Juzgado de Primera Instancia n.º [NUMERO] de [LOCALIDAD], dictando auto mediante el que se acuerde:

I.- Que por el/la Letrado/a de Administración de Justicia se dicte auto despachando ejecución dineraria frente a D./D.ª [NOMBRE PARTE CONTRARIA] por importe de [CANTIDAD] euros más otros [CANTIDAD] euros en los que se calculan provisionalmente y sin perjuicio de ulterior liquidación los intereses y costas.

Se decrete el embargo de los bienes anteriormente citados del ejecutado

Se declare que la pensión actualizada que corresponde abonar desde el mes de [MES] tiene un importe de [CANTIDAD] euros mensuales.

Se acuerde retener, mensualmente, de su nómina la cantidad de [CANTIDAD] euros para hacer frente a las mensualidades futuras, ordenando el ingreso en la cuenta de mi representado/a n.º [NUMERO] de la Entidad [NOMBRE]

Se dé a los autos la tramitación procesal pertinente, para que se dicte en su día, si mediare oposición y previa la tramitación oportuna, auto mediante el que se declare procedente que la ejecución siga adelante hasta el cumplimiento efectivo de la resolución judicial, y en su caso, la liquidación de la deuda principal e intereses, todo ello con imposición de costas al demandado.

Por ser justicia en [LOCALIDAD] a [DIA] de [MES] de [AÑO]

Ltdo.   Proc.

[NOMBRE Y FIRMA DE ABOGADO]   [NOMBRE Y FIRMA PROCURADOR]

---

(1) El RD-ley 6/2023, de 19 de diciembre, modificó el artículo 776 de la LEC con entrada en vigor el 20/03/2024.

(2) El RD-ley 6/2023, de 19 de diciembre, modificó el artículo 551.1 de la LEC con entrada en vigor el 20/03/2024

(3) Por la reforma realizada por la LO 1/2025, de 2 de enero, una vez implantados de forma efectiva los tribunales de instancia (D.T. 1.ª), todas las referencias realizadas a los juzgados unipersonales se entenderán realizadas a las secciones del orden jurisdiccional correspondiente de los tribunales de instancia. En este caso, el art. 86 de la LOPJ atribuye esta materia a la Sección de Familia, Infancia y Capacidad.

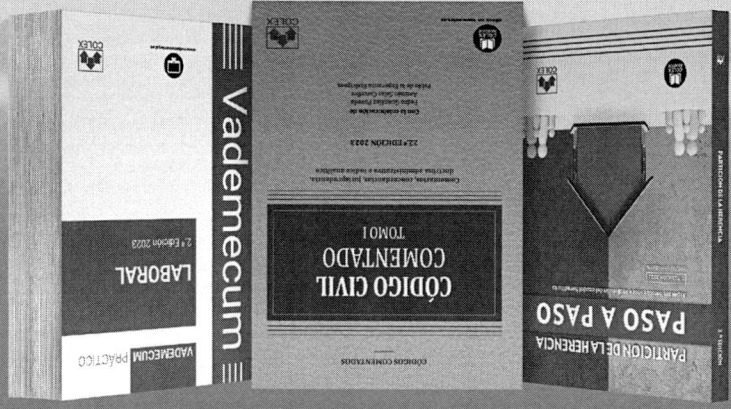

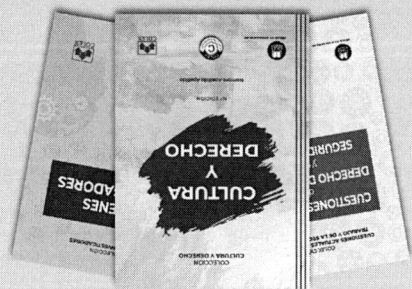